Ce que les parents doivent savoir sur leurs adolescents :

FAITS, MYTHES ET STRATÉGIES

David A. Wolfe

camh

Centre for Addiction and Mental Health
Centre de toxicomanie et de santé mentale

Catalogage avant publication de Bibliothèque et Archives Canada

Wolfe, David A.
    Ce que les parents doivent savoir sur leurs adolescents : faits, mythes et stratégies / David A. Wolfe.
Traduction de : *What Parents Need to Know about Teens: Facts, Myths and Strategies*

Aussi disponible en format électronique.
ISBN 978-0-88868-607-7

    1. Parents et adolescents.   2. Rôle parental.   3. Adolescents
I. Centre de toxicomanie et de santé mentale. II. Titre.

HQ799.15.W6414 2007   649'.125   C2007-905088-3

ISBN : 978-0-88868-604-6 (IMPRIMÉ)
ISBN : 978-0-88868-605-3 (PDF)
ISBN : 978-0-88868-606-0 (HTML)

Imprimé au Canada
Copyright © 2007 Centre de toxicomanie et de santé mentale

Pour tout renseignement sur d'autres publications de CAMH ou pour passer une commande, veuillez vous adresser aux :
Ventes et distribution
Tél. : 1 800 661-1111 ou 416 595-6059 à Toronto
Courriel : publications@camh.net
Site Web : www.camh.net

Available in English under the title *What Parents Need to Know about Teens: Facts, Myths and Strategies*

Cet ouvrage a été réalisé comme suit :
Conception : Margaret Kittel Canale, CAMH
Édition de texte : Jacquelyn Waller-Vintar, CAMH ; Deborah Viets ; Deborah England
Traduction et révision : Traductions à la page
Conception graphique : Nancy Leung, CAMH
Mise en page : BTT Communications
Production : Christine Harris, CAMH

3517a / 09-07 PM069

Table des matières

1   Objectif de l'ouvrage

4   Stratégies efficaces pour les parents
   4   La planification est un élément crucial
   7   Garder le contact avec son adolescent

12   Stratégie n° 1 – Un parent efficace : équilibre entre sensibilité et fermeté
   12   Exemples de types de parents
   15   Dialogues courants entre parents et adolescents
   20   Qu'est-ce qu'un parent encadrant ?
   21   Pourquoi un parent encadrant a-t-il de l'influence ?

26   Stratégie n° 2 : Mettre l'accent sur la sécurité, la responsabilité et le respect des règles
   28   Autre dialogue courant entre parents et adolescents
   30   Ce que vous faites — et la façon dont vous vous y prenez — est important !

33   Stratégie n° 3 : Montrer — ne pas uniquement critiquer
   33   Mythe n° 1 : « L'adolescence est la pire période ! »
   34   Mythe n° 2 : « Tout tourne en dispute ! »
   35   Mythe n° 3 : « Je n'arrive pas à la raisonner — elle n'écoute pas ! »
   37   Mythe n° 4 : « Il sait comment me faire fâcher. » (C'est peut-être en partie vrai…)

39 Stratégie n° 4 : Comprendre le développement de votre adolescent — et son effet sur vos rapports

40 Affirmer son autonomie

40 Changements physiques et émotifs

- Apparence et comportement

- Développement du cerveau et jugement

- Conscience de soi

44 Stratégie n° 5 : Comprendre les pressions — et les risques — auxquels votre adolescent fait face

44 Pressions à boire, à fumer et à avoir des relations sexuelles

46 Pressions à se faire considérer comme un « dur » (chez les garçons) et à être populaire (chez les filles)

48 Pressions à se conformer

49 Pressions à dénigrer les autres

50 Pressions à réussir à l'école

51 L'importance des relations

53 « Quel message est-ce que je transmets ? »

55 Stratégies pratiques pour encourager les bons choix et les relations saines : 10 conseils aux parents

62 Ressources pour les parents

65 À propos de l'auteur

65 Remerciements

Objectif de l'ouvrage

Vous avez probablement choisi ce livret parce que vous recherchez de l'information pratique, précise et facile à appliquer pour vous aider à élever votre adolescent. Vous voulez savoir quels comportements sont considérés comme normaux chez les adolescents, comment déterminer si votre enfant est sur la bonne voie, comment encourager un développement sain et comment obtenir de l'aide lorsque les problèmes surgissent. Bien des choses influencent les adolescents de nos jours, et votre rôle de parent n'en est que plus important. Le temps que vous consacrez à renforcer vos rapports avec lui est votre meilleur investissement pour son avenir, tout comme lorsqu'il ou elle était enfant.

Dans le cadre de mon travail avec les adolescents, les parents me demandent souvent : « Qu'est-ce que je dois savoir » pour aider mon enfant à éviter de tomber dans l'alcool et les autres drogues, d'être influencé par des adolescents mal intentionnés ou de fréquenter les mauvaises personnes, et ainsi de suite ? Les journaux sont remplis d'histoires d'horreur et autres drames qui surviennent à cause de l'alcool, de la conduite automobile, des fêtes ou de l'intimidation — ce qui n'a rien pour rassurer les parents. Les pressions auxquelles font face les jeunes d'aujourd'hui sont différentes de celles des générations antérieures, mais peu importe la forme qu'elles prennent, elles peuvent paraître parfois insurmontables pour un adolescent.

Les parents se sentent parfois dépassés par les problèmes et situations dont leur parlent leurs jeunes, surtout lorsque ces problèmes n'existaient pas dans leur temps, par exemple l'intimidation sur Internet ou les sites de chat. De nombreux parents semblent penser qu'ils ont besoin de conseils pour répondre aux besoins de leurs adolescents, leur inculquer la maturité et le sens des responsabilités et les aider à éviter les situations dangereuses. Il est vrai que l'adolescence est la période du développement la plus dangereuse, surtout entre 16 et 19 ans, et même jusqu'à 24 ans, lorsque les jeunes terminent leurs études universitaires ou collégiales et économisent un peu d'argent avant de quitter le foyer familial (ou d'être gentiment encouragés à voler de leurs propres ailes). Dès l'âge de 16 ans, le plus grand accès aux privilèges des grands, comme la conduite automobile, les heures de rentrée plus tardives, l'alcool et les autres drogues, l'absence des parents à la maison ou même les modes de vie séparés en fait un âge propice aux problèmes. Mais l'image que l'on se fait des adolescents comme étant des êtres immatures, irresponsables et toujours à la recherche de plaisirs est exagérée et incorrecte. La grande majorité des adolescents émergent de cette période indemnes — surtout lorsque leurs parents ou tuteurs ont appliqué des méthodes efficaces et ont tout fait pour préparer et non effrayer leurs enfants à assumer de nouvelles responsabilités et les pressions qui peuvent les accompagner.

Vous savez sûrement que ce n'est pas une bonne idée de laisser vos enfants expérimenter la vie d'eux-mêmes. Le risque de blessures ou de problèmes de santé de longue durée est trop élevé. Par contre, leur interdire certaines activités ne fonctionne pas non plus. Les menaces de punitions (« Si je te prends à boire de l'alcool, tu seras puni pendant un mois ! ») ou encore l'invocation des barrières légales ou familiales pour restreindre leurs activités ne sont pas une mesure très efficace auprès des adolescents. Nous devons les aider à élaborer leurs propres stratégies, à développer un sens des responsabilités et à adopter des valeurs qui les mettent à l'abri du danger, surtout qu'ils passent maintenant plus de temps à faire des choses eux-mêmes.

Nous pouvons décider de ne rien faire et d'attendre que nos jeunes fassent des erreurs pour intervenir — habituellement par des punitions ou des sermons — ou nous pouvons essayer de parer aux problèmes en devenant une source fiable de renseignements et de soutien. Bien que nous ne puissions pas toujours décider pour nos adolescents, nous pouvons les aider à faire les choix les plus responsables possible. La meilleure façon d'y arriver est de vous montrer sensible aux besoins et désirs de votre jeune tout en étant ferme lorsque vient le temps de le guider et de le conseiller.

N'oubliez pas que l'adolescence est une période d'*expérimentation*. Il est donc normal que les jeunes fassent des expériences, mais votre devoir de parent est de fixer des limites (eh oui, les jeunes ont besoin de limites) tout en favorisant leur autonomie (et ils ont besoin aussi de déterminer leurs *propres* limites). Cet équilibre entre tenir bon et laisser aller est l'un des plus gros défis de l'éducation d'un adolescent.

En tant que parent d'un adolescent, vous devez être renseigné sur trois questions importantes :

- Vous devez savoir quel comportement est « normal » durant l'adolescence pour que vous puissiez mieux comprendre et guider votre fils ou votre fille. N'étant pas né avec la science infuse dans l'art d'être parent, vous avez dû travailler fort pour comprendre votre enfant durant toute son enfance. L'adolescence nécessite autant d'efforts (sinon plus) !
- Vous devez comprendre les changements qui s'opèrent sur le plan personnel, familial et chez votre adolescent. Si vous prenez conscience des défis que vous et votre adolescent devez relever durant cette période de transition rapide, vous serez mieux armé pour être une source de force et de conseils.
- Enfin, vous avez besoin d'information sur les meilleures méthodes pour être un parent efficace durant cette période de développement afin de renforcer votre rapport avec votre jeune et éviter certains des « pièges » courants.

Cet ouvrage veut vous aider à mieux comprendre les questions entourant le développement des adolescents et le rôle important que vous pouvez jouer en tant que parent pour inciter votre jeune à prendre de bonnes décisions. Trois autres livrets porteront plus en détail sur des sujets d'intérêts pour les parents, comme la consommation d'alcool et d'autres drogues, la relation avec les pairs et les fréquentations, l'utilisation d'Internet et le bien-être des adolescents.

Les relations qu'entretiennent les adolescents avec leur famille, leurs camarades ou d'autres adultes importants influenceront grandement la façon dont ils apprennent à faire des choix sûrs et responsables. En fin de compte, ce processus commence par la relation que vous établissez avec votre adolescent. Maintenant plus que jamais, *les gestes* que posent les parents ont une importance capitale.

Stratégies efficaces pour les parents

LA PLANIFICATION EST UN ÉLÉMENT CRUCIAL

Examinons d'abord quelques situations typiques dans les familles canadiennes :

Mike et Wendy, *tous deux professionnels vers la fin de la trentaine, ont trois enfants, une belle maison dans un quartier recherché, de bons voisins — et un problème. Leur fils de 14 ans, Jeremy, les inquiète depuis un certain temps. Depuis qu'il est en 9ᵉ année, l'« ancien » Jeremy, celui qui aime s'amuser, qui réussit assez bien à l'école, qui remporte des médailles de soccer, qui joue dans un groupe de musique, qui collectionne des bandes dessinées et des personnages Lego semble avoir disparu. Maintenant, il est toujours sorti ou passe son temps sur l'ordinateur avec ses nouveaux amis (désagréables) du secondaire, et délaisse ses devoirs. D'ailleurs, ses notes s'en ressentent. Tous les contacts avec ses parents virent vite en dispute, et plus ses parents tentent de le faire obéir, plus il se rebiffe et se fâche. Mike et Wendy ne sont pas des parents désagréables, mais ils veulent que leur fils voie les choses comme eux. Ont-ils tort de vouloir que Jeremy mange bien et dorme suffisamment, qu'il réussisse à l'école et n'ait pas d'ennuis ? Pourquoi leur fils rend-il les choses si difficiles ?*

4

Miranda *vit une situation semblable avec sa fille Stéphanie. En tant que mère célibataire, Miranda doit conjuguer son travail et ses deux enfants, et Stéphanie semble exiger plus que sa part de l'énergie de sa mère. Sa chambre est un champ de bataille, elle n'est jamais à la maison lorsque vient le temps des corvées importantes, elle passe ses soirées en ligne avec ses amies ou sur son cellulaire, etc. Miranda ne sait pas comment accorder à sa fille suffisamment de liberté pour sortir avec ses amies et s'amuser et, en même temps, exiger qu'elle assume ses responsabilités à la maison. Stéphanie a un petit ami depuis peu. Il est âgé d'un an de plus qu'elle et Miranda se demande jusqu'à quel point elle peut leur faire confiance lorsqu'ils sont seuls à la maison ou sortent ensemble. Tout comme Jeremy, Stéphanie semble s'être désintéressée des devoirs et des activités qu'elle aimait auparavant, comme la chorale et le patin. Comment Miranda peut-elle superviser sa fille sans l'étouffer par la même occasion ?*

Fatim et Harshil *semblent vivre d'autres difficultés. Depuis leur établissement au Canada il y a cinq ans, ils ont été témoin de l'adaptation de leur fille aînée, Noor, à son nouvel environnement. Déjà, elle parle l'anglais plus couramment qu'eux et elle s'est adaptée à des coutumes que ses grands-parents n'auraient jamais admises. Fatim veut surtout que Noor soit plus respectueuse des traditions et coutumes de la famille, mais elle semble plus intéressée par ses amies – leurs vêtements, fêtes, musique, maquillage et langage — que par les valeurs prônées par ses parents. Elle affirme qu'on la confine à la maison alors que ses amies sont beaucoup plus libres. Elle se plaint que ses parents sont injustes. S'ils sont heureux d'avoir trouvé un pays où leur fille est en sécurité et* *peut s'épanouir et s'exprimer, ils s'inquiètent du fait qu'elle délaisse leurs valeurs. Ils craignent que si Noor a toutes les libertés accordées aux Canadiennes, elle abandonnera les valeurs qu'ils ont travaillé si fort pour préserver. Comment Fatim et Harshil peuvent-ils accorder à Noor ce qu'elle désire sans sacrifier les coutumes et les traditions qui leur sont chères?*

Ça vous dit quelque chose ? Si vous êtes parent d'un adolescent (ou tuteur, grand-père, grand-mère, tante, oncle ou ami d'un adolescent), je suis certain que vous vivrez des situations semblables. Même si les problèmes ou les conflits semblent familiers, les approches et les solutions pour en venir à bout ne le sont souvent pas.

Les familles dont il est question dans ces exemples font face à des changements soudains lorsque leur adolescent est à la recherche de sa propre identité et abandonne graduellement son rôle d'enfant au sein de la famille. Les adolescents n'ont pas de parcours précis en tête ni de guide à suivre ; ils sont happés par la culture dominante des jeunes, la curiosité et les nouvelles expériences. Leurs tests des limites établies, leurs sautes d'humeur et leur attitude très critique font souvent partie de cette transformation, mais vos valeurs, votre affection, l'exemple que vous montrez, le temps que vous leur accordez et les conseils que vous leur prodiguez influencent grandement leurs décisions et leur comportement. Concentrez-vous sur la situation dans son ensemble (la maturité et l'autonomie de votre adolescent), et acceptez que ce cheminement ne soit pas chose facile.

Les parents sont souvent bombardés de conseils, de mises en garde et de critiques sur la façon d'élever les enfants. Nous avons cependant bien peu l'occasion de réfléchir à l'éducation de nos propres enfants. Nous nous fions le plus souvent aux méthodes connues de nos parents (même si elles nous rappellent de mauvais souvenirs) tout simplement parce qu'on ne sait plus qui croire — les émissions télévisées, les nombreux magazines sur l'art d'être parent, les sites Internet innombrables, les sites de chat et les bulletins électroniques à l'intention des parents. Il nous arrive de simplement retenir notre souffle et de réagir lorsque des difficultés surviennent au lieu de réfléchir à notre rôle et de planifier notre approche face aux situations délicates avec notre adolescent.

Les nouveaux rapports de votre jeune avec ses amis posent de nouveaux défis. Même si ses camarades peuvent avoir une influence positive sur lui et vice-versa, vous savez que ses occasions de consommer du tabac, de l'alcool et d'autres drogues, d'avoir des relations sexuelles non protégées et d'adopter des comportements délinquants s'en trouvent augmentées. Vous faites alors face à un tout autre ensemble de problèmes et d'inquiétudes.

Si cette perspective peut sembler sombre, n'oubliez pas que vous continuez à exercer une grande influence sur le comportement et les décisions de vos enfants, et ce, durant l'adolescence et au-delà. Vos rapports se transforment évidemment, mais ce processus n'a pas à être pénible ni déplaisant — en fait, les changements que vous vivez tous deux sont parmi les plus importants, précieux et durables.

GARDER LE CONTACT AVEC SON ADOLESCENT

C'est à la suite de mon expérience et de celle de mes collègues passée à écouter les adolescents dans le but d'élaborer des stratégies éducatives pour renforcer des rapports sains et réduire les comportements risqués que j'ai eu l'idée de rédiger ce livret. En résumé, les jeunes sont avides de conseils pour être acceptés par leurs camarades — de même sexe ou de sexe opposé — sans commettre d'erreurs qui pourraient les mettre dans le pétrin ou entraîner leur rejet. Ils sont aussi avides de renseignements sur les choix qu'ils peuvent faire devant les nouvelles pressions et attentes (relations sexuelles, consommation d'alcool ou de drogues, mauvais traitements par des camarades ou un partenaire intime). Par contre, ces jeunes doivent avoir confiance dans leur source d'information, se sentir compris, savoir que l'on respecte leurs opinions et avoir, dans une certaine mesure, leur mot à dire dans leurs décisions. Bref, ils ne veulent pas se faire dire seulement « tu n'as qu'à dire non » ou « parce que c'est moi qui décide ».

Les jeunes disent souvent qu'ils voudraient que leurs parents fassent plus d'efforts pour comprendre les pressions qu'ils vivent à l'école, à la maison et dans la collectivité. Durant les discussions en classe, je les entends souvent dire : « Mes parents doivent savoir ça ! » Ils se plaignent souvent du fait que leurs parents réagissent rapidement lorsque vient le temps de fixer des règles et des punitions, mais ne semblent pas prendre le temps de vraiment les écouter ni de les aider à résoudre leurs problèmes (par exemple : « Puis-je aller à une fête vendredi soir ? »). Ils pensent parfois que leurs parents entretiennent une vision dépassée de l'adolescence, tirée de leur jeunesse, ou pire encore qu'ils se fient aux manchettes des journaux parlant de tragédies pour prendre des décisions injustes et non fondées. Je ne dis pas qu'ils ont raison. Je veux simplement vous faire comprendre comment ils voient les choses.

Pour éviter ces problèmes, certains adolescents trouvent plus facile de se créer une façade afin d'éviter les soupçons et de toujours montrer le même visage à leurs parents. En cachant leurs nouveaux intérêts, amis et expériences, ils croient que leurs parents n'y verront que du feu et qu'ils seront plus heureux ainsi.

Un adolescent qui adopte cette approche peut savoir par exemple que son père ou sa mère s'inquiètera s'il assiste à une fête. Il préparera alors une phrase toute faite du style : « Les parents de Pat seront là. Il n'y aura pas d'alcool ni de drogues. Tu sais que je n'en prends pas. Tu peux me faire confiance. Pas besoin d'appeler les parents de Pat. » Cette approche est fondée sur le vieil adage qui dit : « Moins on en sait, mieux on se porte. » Pour un parent qui ne soupçonne rien, ceci le rassurera et lui confirmera que son jeune est plus digne de confiance et responsable que les autres (jusqu'à ce que l'inévitable se produise).

D'autres jeunes sont plus directs et conflictuels, et choisissent tout simplement d'enfreindre l'autorité parentale et d'invoquer haut et fort leurs nouveaux statut et privilèges. L'attitude du « et puis après ? » et du « je m'en fiche » peut améliorer leur statut auprès de leurs camarades et imposer une nouvelle relation avec les parents. Ces jeunes sont plus susceptibles d'être les « entrepreneurs » en montrant la voie à leur groupe d'amis dans leurs expérimentations de drogues, de relations intimes et d'activités sexuelles.

Lorsque cette personnalité de « meneur » se manifeste au début de l'adolescence, cela implique bien entendu de nombreux risques. Non seulement s'agit-il ici des risques directement liés à ces activités (par exemple la grossesse, les infections transmises sexuellement, les blessures et la toxicomanie), mais aussi des risques indirects (par exemple la baisse des résultats scolaires, la violence, l'intimidation et la délinquance) que certains jeunes ignoreront totalement ou minimiseront, en se concentrant plutôt sur leur nouveau statut auprès de leurs camarades.

Personne ne connaît votre enfant mieux que vous. Vous savez qu'il n'y a pas de recette miracle, de méthode universelle et que les erreurs font partie de la vie. Vous avez appris à élever votre enfant au fil des ans. Vous devez maintenant poursuivre votre apprentissage : Qu'est-ce qui est normal ? Qu'est-ce qui change ? Quel rôle devez-vous jouer durant cette étape ? Même si le parcours n'est pas facile, quelques stratégies simples peuvent vous guider lorsque vous vous heurtez à de nouvelles situations. Cet ouvrage aborde ces problèmes du point de vue *du développement normal de l'adolescent* ; il est fondé sur les résultats de recherches et l'expérience de l'auteur en tant que parent d'adolescents. Il vous fournit des conseils pratiques pour renforcer votre relation avec votre adolescent et réduire le plus possible les conflits.

L'information que renferme ce document a pour but de vous faire réfléchir aux stratégies que vous utilisez avec votre adolescent, et peut-être à en changer quelques-unes, tout comme nous demandons aux adolescents de penser à leurs stratégies et de les revoir pour prendre des décisions sécuritaires et saines. Il n'y a pas de solutions faciles ni de remèdes miracles, mais il existe des stratégies simples qui ont plus de succès que d'autres pour favoriser le sens des valeurs et des responsabilités chez votre enfant. L'information et l'ouverture d'esprit sont un bon point de départ.

Un parent efficace :
équilibre entre sensibilité et fermeté

Examinons de plus près ce que votre adolescent attend de vous :

- Il a besoin d'être renseigné sur les choix, les responsabilités et les conséquences qui accompagnent les nouvelles expériences et les pressions auxquelles il devra faire face.
- Il doit être préparé, et non découragé, à faire face aux pressions de l'adolescence.
- Il doit sentir qu'il peut se fier à vous pour le comprendre, le soutenir, l'informer et le guider (même si cela signifie que vous établirez des limites strictes).
- Il doit apprendre de vous des façons positives de gérer les conflits, les déceptions, les risques et les pressions de l'extérieur, vous y compris.
- Il doit se sentir lié non seulement à ses amis, mais aussi à son école, à sa famille et à sa collectivité. Il doit aussi se sentir apprécié.
- Il doit se faire traiter en tant que personne (plutôt qu'en tant de problème potentiel) et avec équité.
- Il a besoin de conseils pour résoudre des problèmes et prendre des décisions par lui-même.

Le plus important sans doute pour votre adolescent durant cette période critique, c'est qu'il sente que vous êtes capable de faire preuve de *sensibilité* devant les défis et pressions auxquels il fait face tout en montrant de la *fermeté* de sorte qu'il ne pense pas pouvoir tout se permettre. Autrement dit, votre rôle de parent est de vous montrer attentif et compréhensif, tout en énonçant des attentes claires et en fixant des limites.

La prochaine section, Exemples de types de parents, vous donne un aperçu des stratégies efficaces auprès de votre adolescent.

EXEMPLES DE TYPES DE PARENTS

LE SURPROTECTEUR (LE PARENT AUTORITAIRE)

Certains parents agissent comme un surveillant ou un policier lorsqu'ils interagissent avec leur adolescent. Autrement dit, ils ne le laissent pas prendre part à des activités ou à des rassemblements auxquels ils ne participent pas. Ils croient que les jeunes doivent être constamment surveillés et ils leur interdisent de s'adonner à des activités douteuses. Ils ont établi des règles claires et des punitions pour manquement aux règles, et ils montrent peu de souplesse pour accéder aux désirs ou demandes des jeunes. Ils croient qu'ils peuvent éviter les problèmes potentiels en imposant des règles strictes et de la discipline.

RÉSULTAT : Le surprotecteur se montre peu sensible aux pressions auxquelles font face les jeunes, y compris leur besoin croissant d'autonomie. Les parents qui prennent cette voie perdent bien vite le contact avec leur adolescent. Les jeunes ne divulgueront pas de renseignements qui pourraient être utilisés contre eux plus tard. Ils opteront plutôt pour les cachotteries et ne dévoileront pas leurs véritables intentions. Il est probable que devant ce type de parents, les jeunes se rebellent contre des exigences rigides et déraisonnables. Le surprotecteur croit que la façon dont il ou elle a été élevé était la bonne méthode.

L'AMI (LE PARENT PERMISSIF)

Certains parents sont trop complaisants, distants ou déconnectés et croient que les jeunes sont assez grands pour prendre leurs propres décisions. Ils croient que peu importe ce qu'ils disent ou font, les jeunes auront des problèmes de toute façon, alors pourquoi se disputer inutilement. Et comment apprendront-ils s'ils ne peuvent jamais prendre leurs propres décisions, se disent-ils. Selon eux, les jeunes tirent des leçons importantes lorsqu'ils vivent les conséquences de leurs choix. Ces parents se disent : « J'ai fait telle ou telle chose quand j'étais jeune et je n'en suis pas mort ! »

RÉSULTAT : L'ami laisse trop de place à la chance. Ce genre de parents ne fournit pas les conseils et la ligne de conduite dont un jeune a besoin. Les jeunes ont besoin d'un modèle ! Ils ont désespérément besoin de renseignements et de conseils pour les guider durant ces années difficiles, et ils croient (habituellement implicitement) que leurs parents les guideront au besoin. Le risque que l'adolescent se trouve dans le pétrin s'accroît considérablement lorsque les parents ne participent pas à la prise de décisions.

L'ENTRAÎNEUR (LE PARENT ENCADRANT)

Ni le surprotecteur ni l'ami n'emploient de méthodes efficaces, car ils n'ont pas atteint un équilibre entre la fermeté et la sensibilité. L'entraîneur, quant à lui, sait que les jeunes d'aujourd'hui bénéficient des discussions ouvertes sur les pressions et les choix auxquels ils font face. Il cultive une relation d'amour et de confiance avec son jeune, sans craindre de se montrer ferme lorsque les circonstances l'exigent. Il offre des informations à jour et des conseils fondés sur son expérience et sa connaissance des problèmes possibles que peuvent entraîner des activités risquées, plutôt que d'avoir recours à des menaces et à des tactiques alarmantes. Il ne dit pas toujours non comme il ne dit pas toujours oui. Il étudie attentivement chaque demande et activité, puis prend une décision. À titre de parent encadrant, il reconnaît l'importance de la cohérence et de la transmission claire des attentes.

RÉSULTAT : L'entraîneur s'est adapté aux changements qui s'opèrent tout au long de l'adolescence. Il sait qu'il s'agit d'une étape difficile pour son enfant. Il s'attarde donc à répondre aux besoins sociaux et émotifs de son enfant tout en limitant les risques qu'il prendra. Il entretient un dialogue régulier avec lui, ils discutent ensemble ouvertement et respectent le point de vue de l'autre. Lorsque l'entraîneur doit prendre une décision qui ne fera pas plaisir à son enfant, il est assez fort pour l'assumer. Les deux ne s'entendent pas toujours, mais ils travaillent ensemble à prendre de bonnes décisions.

Trouver l'équilibre entre fermeté et sensibilité n'est pas aussi facile qu'il y paraît (vous en avez sans doute déjà fait l'expérience). Vous devez étudier attentivement chaque situation avec votre jeune, car il existe peu de règles établies. Cependant, il existe des stratégies efficaces. Si vous saisissez l'essentiel de cette approche et abordez chaque nouvelle situation avec fermeté et sensibilité, vous vous faciliterez la tâche à tous deux. Les parents encadrants font un effort conscient de comprendre l'univers de leur jeune et lui permettent de développer son autonomie au fil du temps.

Pour être un parent encadrant, il faut avant tout avoir établi une bonne relation avec son adolescent et continuer à la développer. Les relations saines ne sont pas le fruit du hasard ; elles doivent être cultivées. La pensée traditionnelle qui considère les adolescents comme une source de problèmes ne tient pas compte de l'importance de l'établissement de liens favorisant la communication positive et la résolution de problèmes.

Les adolescents qui ont profité de rapports proches avec leurs parents, enseignants, entraîneurs et amis dans leur jeunesse auront une base solide pour développer de futures relations et régler les désaccords. Avant d'examiner les façons d'établir une relation saine avec votre enfant en appliquant les méthodes de parent encadrant, réfléchissez aux dialogues suivants.

DIALOGUES COURANTS ENTRE PARENTS ET ADOLESCENTS

Quel type de parent êtes-vous? Le surprotecteur (l'autoritaire), l'ami (le permissif) ou l'entraîneur (celui qui est encadrant et équilibré) ? Dans les dialogues suivants, lisez quel type de réponse vous auriez probablement donné à votre enfant pour la même demande.

Adolescent : « *Je sors avec mes amis. On se revoit plus tard.* »

LE SURPROTECTEUR (LE PARENT AUTORITAIRE)

« *Tu ne vas nulle part. Je n'aime pas tes amis ; ils se mettent toujours dans le pétrin. Tu dois rester à la maison et faire tes devoirs. Ton dernier bulletin n'était pas très bon.* »

RÉSULTAT : Votre adolescent sent que vous ne lui faites pas confiance pour faire des choix responsables et que vous ne comprenez pas son besoin de voir ses amis. Votre autorité peut commencer à lui déplaire et il peut résister à vos requêtes. La prochaine fois, il pourra tenter de vous mentir sur ses intentions.

L'AMI (LE PARENT PERMISSIF)

« *À tout à l'heure. Je vais me coucher tôt ce soir, alors ne fais pas de bruit en rentrant.* »

RÉSULTAT : Votre jeune peut aller où il veut et faire ce qu'il lui plaît. Personne n'est là pour le surveiller. Il devra se fier à son propre jugement et non pas à vos conseils lorsque viendra le temps de faire des choix difficiles. Ceci peut l'inciter à adopter des comportements risqués.

L'ENTRAÎNEUR (LE PARENT ENCADRANT)

« *Un instant. Peux-tu me dire où tu vas et avec qui ? As-tu besoin que quelqu'un t'y conduise ? Que pensez-vous faire ? À quelle heure penses-tu rentrer ? Appelle-moi si vos plans changent s'il te plaît. N'oublie pas de rentrer avant minuit. Je te verrai à ton retour. Bonne soirée.* »

RÉSULTAT : Votre jeune sait que vous vous intéressez à ce qu'il fait et que ses projets doivent être raisonnables. Cette série de questions ne lui plaira peut-être pas, mais il sait qu'il doit vous rendre compte de ses allées et venues et de ses activités. S'il sait qu'il devra répondre à ces questions à chaque fois qu'il sort, il pourra décider lui-même si les plans qu'il fait avec ses amis sont une bonne idée. Il aura aussi une idée claire des activités que vous trouvez acceptables, car vous commenterez les réponses qu'il donnera à vos questions. Vous êtes en train d'établir ensemble une relation de confiance.

Adolescent : « Jane fait une soirée pyjama vendredi. Je peux y aller ? »

LE SURPROTECTEUR (LE PARENT AUTORITAIRE)

« Je n'aime pas ces soirées. Tu as besoin de repos pour ne pas tomber malade. De toute façon, Jane s'intéresse un peu trop aux garçons à mon goût — elle en invitera sûrement quelques-uns et tu n'as pas encore l'âge de fréquenter les garçons. Je crois que tu devrais rester à la maison. On peut louer un film et le regarder en famille. »

RÉSULTAT : Votre préoccupation de la santé physique de votre fille ne tient pas compte de sa santé émotive. Elle a besoin de voir des amies et de s'amuser. Vous présumez aussi que Jane fera de mauvais choix et que votre fille se laissera entraîner dans ces activités douteuses. C'est insultant et cela ne lui permet pas de vous prouver qu'elle a un bon jugement. (Et en plus, la suggestion qu'elle passe une soirée en famille peut ressembler davantage à une punition qu'à quelque chose de divertissant.)

L'AMI (LE PARENT PERMISSIF)

« J'aime bien Jane. Bien sûr que tu peux rester chez elle. Je viendrai te chercher samedi midi. »

RÉSULTAT : Parce que vous posez peu de questions, votre adolescente ne vous donnera aucun détail. Vous ne saurez pas s'il y aura des garçons ou de l'alcool ou si un parent surveillera la soirée. Vous croyez que votre fille prendra les bonnes décisions malgré le fait qu'elle n'est peut-être pas encore assez mûre pour prendre ce genre de décisions.

L'ENTRAÎNEUR (LE PARENT ENCADRANT)

« Dis-m'en davantage sur cette soirée. Les parents de Jane seront-ils présents ? Qui sera de la partie ? Y aura-t-il des garçons ? Tu connais les règles concernant l'alcool n'est-ce pas ? Peux-tu m'assurer que tu les suivras ? Ça me semble une soirée de filles bien agréable. Amusez-vous. Appelle-moi si les plans changent. »

RÉSULTAT : Vous précisez vos attentes à l'égard de cette soirée tout en laissant à votre fille la chance d'y penser aussi. Vous établissez des limites concernant les libertés qu'elle a tout en lui permettant de s'amuser dans les limites imposées.

Comme vous pouvez le constater dans ces échanges, il n'est pas facile de se montrer sensible aux besoins des adolescents tout en assurant leur sécurité. Peu importe la réponse que vous donnez à votre adolescent, vous devez toujours garder le dialogue ouvert afin de vous montrer respectueux de ses besoins et désirs. Parallèlement, vous devez garder à l'esprit que les jeunes veulent tester nos limites et qu'ils n'ont pas toujours la maturité pour déterminer ce qui est sécuritaire. Nous devons les aider à prendre les bonnes décisions en établissant des limites et des attentes justes et raisonnables, qui pourront être relâchées graduellement lorsqu'ils nous auront montré qu'ils se comportent de façon responsable.

QU'EST-CE QU'UN PARENT ENCADRANT ?

Les experts considèrent qu'un *parent encadrant* est le type de parent qui est le plus efficace. Ce parent arrive à conjuguer sensibilité et fermeté, une méthode qui s'avère aussi efficace chez les enfants que chez les adolescents. Un tel parent arrive à se montrer compréhensif à l'égard des préoccupations et opinions de son adolescent (à savoir lui prêter attention, l'écouter et valider ses propos) tout en se montrant suffisamment ferme (offrir ses conseils, contrôler les choix qu'il juge appropriés et exposer clairement ses attentes). Comme le terme le sous-entend, le parent encadrant a un vaste bagage de connaissances, il est fiable et influent, mais sans être trop strict, critique ni complaisant.

Bien entendu, un parent encadrant fait beaucoup plus qu'établir un équilibre entre sensibilité et fermeté. Il clarifie les problèmes, justifie les limites imposées et laisse à son jeune la chance de prendre des décisions appropriées et sécuritaires. Cela ne signifie pas qu'il faille vous justifier constamment ou débattre toutes les questions ni qu'il n'y ait pas de place à la discussion. Le parent encadrant assure l'établissement d'un dialogue respectueux entre les deux parties. Si la discussion devient trop vive, alors il s'en remettra à son autorité pour mettre un terme au débat jusqu'à ce que chacun ait retrouvé son calme.

Les adolescents bénéficient de parents qui expriment leurs préoccupations et leur intérêt (par exemple à propos des problèmes, choix et privilèges) tout en se montrant fermes lorsque la situation l'exige. En gros, notre objectif est de faire en sorte que les adolescents se sentent acceptés et maîtres de leur destinée — dans les limites du raisonnable — afin que leur individualité et leurs opinions puissent s'épanouir pleinement (phénomène que l'on appelle *autonomie*). Nous devons toutefois contrebalancer cette liberté avec des messages clairs à propos de la sécurité personnelle et des responsabilités. Fait intéressant, les enseignants, directeurs d'école et même les organisations utilisent cette même combinaison de sensibilité et de fermeté.

Puisque le concept de parent encadrant est si important dans le cadre des autres stratégies expliquées dans le présent ouvrage, examinez le diagramme ci-après, intitulé Équilibre dans les relations, afin de bien saisir tout ce qu'il englobe.

POURQUOI UN PARENT ENCADRANT A-T-IL DE L'INFLUENCE ?

Il a été prouvé que cet équilibre entre sensibilité et fermeté est bénéfique au développement de l'adolescent. La fermeté agit à titre de dissuasif contre les problèmes comportementaux, comme la consommation d'alcool et d'autres drogues et la délinquance. Les marques de sensibilité, comme l'autorisation de pratiquer certaines activités pour favoriser l'autonomie chez votre adolescent, aident à réduire la détresse chez ce dernier et à établir une ambiance aimante et stable.

En revanche, les parents surprotecteurs peuvent voir dans l'indépendance croissante de leurs adolescents un signe de rébellion ou de manque de respect, et ils peuvent s'opposer à leur besoin d'autonomie. Malheureusement, les jeunes qui grandissent dans des familles où les règles sont très strictes et peu justifiées ont plus de

Figure 1
ÉQUILIBRE DANS LES RELATIONS

ÉQUILIBRE

Fermeté   **Sensibilité**

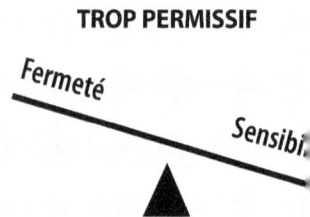

TROP PERMISSIF

Fermeté

Sensibi.

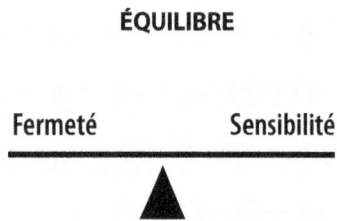

Voici le type le plus efficace.

- Vous avez trouvé un équilibre entre l'écoute du point de vue de votre jeune et la fermeté de vos attentes.
- Vous connaissez votre adolescent et vous savez quelles limites établir pour qu'il soit en sécurité.
- Vous savez que vous ne serez pas toujours là lorsqu'il prendra ses décisions. Vous le protégez donc en vous assurant de bien spécifier préalablement vos attentes.

- Vous avez réussi à respecter les besoins de votre jeune tout en lui fixant des limites qu'il doit respecter.

Ce type (très fort sur la sensibilité, moins su fermeté) est trop permissif ou indulgent.

- Vous vous préoccupez trop du point de v de votre enfant et ne fixez pas assez de limites.
- Vous êtes trop indulgent, ce qui pousse votre jeune à prendre des risques, car il croit que rien ne vous dérange ou que vous n'en saurez rien.
- Vous vous faites des illusions en pensan que votre enfant est mature et digne de confiance.

N'OUBLIEZ PAS : La meilleure façon d'éviter que votre adolescent prenne de mauvaises décisions est de lui indiquer clairement ce que vous attendez de lui. Si nous l'écoutons, il nous écoutera à son tour. Il doit aussi comprendre les conséquences de certaines activités de sorte que difficulté à faire la transition vers l'adolescence. Ils ont tendance à se montrer dépendants ou passifs ou encore rebelles et influençables, et se sentent moins confiants et autonomes. Ces jeunes se préoccupent plus d'être pris en flagrant délit et punis que des principes du bien et du mal.

TROP AUTORITAIRE

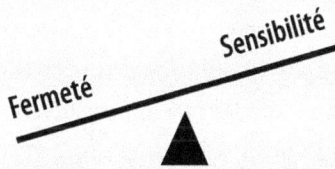

Sensibilité

Fermeté

En étant trop permissif, vous pouvez devenir négligent. Vous ne faites pas preuve d'un bon jugement et n'adoptez pas une attitude adulte.

Ce type (très fort sur la fermeté, moins sur la sensibilité) est trop exigeant et arbitraire.

- Vous ne prêtez pas assez attention aux besoins et à l'opinion de votre adolescent.
- Vous croyez pouvoir dicter la conduite à adopter dans toute situation.
- Votre approche est d'interdire les activités, en fixant des règles et des punitions pour manquement aux règles.
- Vous n'aidez pas votre jeune à faire les bons choix de façon autonome.

- Votre jeune apprendra à vous cacher des choses et demandera conseil à ses camarades, ce qui pourrait l'exposer à des comportements risqués.
- Les conflits peuvent s'envenimer et même devenir intenables.

...mportement risqué devienne moins attrayant qu'un comportement sécuritaire. La collaboration est le meilleur plan autant pour les parents ...e pour les adolescents.

Lorsqu'un contrôle parental excessif s'accompagne d'une froideur extrême et de punitions, un jeune peut se rebeller et mal se comporter dans le but d'affirmer son indépendance et de contrarier ses parents. L'expression « il est incontrôlable » veut souvent dire que le jeune, frustré, laisse savoir qu'il refuse de but en blanc toutes règles — un chemin très dangereux et autodestructeur (les parents, bien entendu, peuvent également devenir « incontrôlables »). N'oubliez pas que le jeune, tout comme vous, ne souhaite pas que ceci arrive, même si ce n'est pas ce qu'il laisse entendre.

On associe aussi les parents trop permissifs ou indifférents à des effets négatifs sur la santé mentale et le développement des adolescents, ce qui peut éventuellement entraîner des problèmes de comportement. Les adolescents élevés dans des foyers où règne l'indifférence sont souvent plus impulsifs et susceptibles d'afficher des comportements délinquants. Ils ont tendance à se considérer comme des « meneurs » dans les expériences liées aux relations sexuelles, à l'alcool et aux autres drogues. Ils se

© ZITS Partnership. Reproduit avec la permission spéciale de King Feature Syndicate

soucient peu des conséquences négatives et s'intéressent davantage à l'attention qu'ils reçoivent de leurs camarades. Les adolescents élevés dans des foyers très permissifs et indulgents ont tendance à être moins matures, plus irresponsables, à se conformer davantage à leurs camarades et à être moins en mesure d'assumer un rôle de leader.

Pourquoi le type de parent encadrant réussit-il mieux ? Il fournit un *contexte émotif* aux discussions quotidiennes avec ses enfants et aux décisions qu'ils prennent. Il est utile de se rappeler ces trois points :

- En s'intéressant à la vie de votre adolescent et en y participant, vous le rendez plus réceptif à l'influence parentale et par extension, aux règles. Ceci signifie que vous devez passer du temps avec votre jeune.
- Communiquez votre opinion sur plusieurs questions — les fêtes, l'alcool, les drogues, le travail scolaire, les emplois — et écoutez celle de votre jeune. Il ne suffit pas de vous fermer aux demandes de votre adolescent ou bien de lui accorder facilement tout ce qu'il vous demande. Ce genre de discussions aide votre adolescent à développer sa capacité de penser par lui-même et de faire de meilleurs choix.
- En se montrant sensibles et en offrant leur soutien, les parents encadrants encouragent leurs jeunes à développer leur propre autocontrôle, un élément essentiel pour devenir une personne responsable et compétente.

Mettre l'accent sur la sécurité, la responsabilité et le respect des règles

Faisons un petit retour en arrière. Lorsque votre enfant grandissait, votre priorité était d'assurer sa *sécurité*. Chaque matin vous lui rappeliez ces règles : boucler sa ceinture en voiture, porter un casque ou prendre la main d'un adulte pour traverser la rue et ne pas parler aux inconnus. Plus tard, vous lui avez demandé de vous aviser lorsqu'il sortait et avec qui. La sécurité de votre enfant était prioritaire, quelque chose que vous ne remettiez jamais en question et qui était toujours primordial. La sécurité était au cœur de toute nouvelle situation ou décision prise.

Vous avez pris des décisions concernant la sécurité de votre enfant et vous vous êtes assuré qu'il vous écoutait, car vous saviez qu'il avait des leçons à apprendre. Dans le même ordre d'idée, votre enfant s'attendait à ce que vous vous préoccupiez de sa sécurité et il ne remettait jamais en question vos raisons — après tout, pourquoi aurait-il voulu faire quelque chose qui pourrait lui faire du mal ?

Votre enfant est maintenant adolescent. Sa sécurité est toujours primordiale, mais il se fie maintenant souvent à son propre jugement pour évaluer si la situation est sûre ou non. Son jugement est aussi influencé par ses amis et d'autres facteurs, comme ses valeurs et même le vaste monde des télécommunications, des médias et du divertissement auquel il est exposé tous les jours. (Selon les études, les adolescents passent six heures et 32 minutes quotidiennement à regarder la télévision, les annonces télévisées, des vidéos commerciaux et maison, et des films. Ils sont aussi exposés à d'autres médias et formes de divertissement, dont les jeux vidéo, les imprimés de toute sorte, la radio, la musique, les téléphones cellulaires, les ordinateurs et l'Internet !)

Vous ne pouvez protéger constamment votre jeune (et vous vous inquiétez autant que lorsqu'il était petit), mais vous pouvez faire tout votre possible pour l'aider à se protéger du mieux qu'il peut. Le même principe qu'avant s'applique : vous êtes son père ou sa mère, et il est de votre devoir de veiller à ce qu'il prenne des décisions sûres et raisonnables. Si vous communiquez ce message de façon posée et aimante, vous aurez plus de chances qu'il vous écoute. Voici un exemple :

AUTRE DIALOGUE COURANT ENTRE PARENTS ET ADOLESCENTS

Adolescente : « *Un gars à l'école m'a demandé d'aller au cinéma avec lui vendredi soir. Puis-je y aller ?* »

LE SURPROTECTEUR (LE PARENT AUTORITAIRE)

« *Tu n'as même pas à me le demander, tu connais la règle : interdiction absolue de fréquenter les garçons avant ton seizième anniversaire. Tu es beaucoup trop jeune pour sortir avec un garçon. Il n'est pas question que tu y ailles.* »

RÉSULTAT : Vous ne comprenez vraisemblablement pas le besoin de votre fille d'établir des rapports avec les garçons. Vous avez raison de vous préoccuper des fréquentations à un jeune âge, mais peut-être que vous pourriez permettre cette activité si elle se faisait en groupe dans un cadre social sécuritaire. Pensez à d'autres façons d'assurer la sécurité de votre fille plutôt que de simplement lui interdire certaines activités. Comment apprendra-t-elle à faire de bons choix si elle n'a jamais l'occasion de prendre des décisions ?

L'AMI (LE PARENT PERMISSIF)

« *De quoi a-t-il l'air ? C'est ton premier rendez-vous galant ! Que c'est excitant ! Je peux t'aider à te coiffer et à te maquiller si tu veux.* »

RÉSULTAT : Vous devez vous renseigner davantage sur ce rendez-vous. Le garçon a-t-il l'âge de votre fille ou est-il plus âgé ? Quel film vont-ils voir ? Comment s'y rendront-ils et en reviendront-ils ? Vous devez vous assurer qu'elle sera en sécurité avant de la laisser partir. N'oubliez pas : plus tôt les jeunes adoptent des comportements risqués, plus les conséquences peuvent être fâcheuses.

L'ENTRAÎNEUR (LE PARENT ENCADRANT)

« *Parle-moi de lui. Comment est-il ? Comment l'as-tu rencontré ? Serez-vous seuls ou en groupe ? Quel film irez-vous voir ? Je ne me sens pas très à l'aise de te voir fréquenter un garçon à ton âge. Peut-on trouver un compromis qui nous satisfait tous les deux ? Que dirais-tu qu'on aille vous reconduire au cinéma et qu'on vienne vous chercher après ? Comme ça, nous pourrons le rencontrer et serons sûrs que tu rentreras à la maison à l'heure convenue.* »

RÉSULTAT : Vous avez raison de vous montrer réticent à laisser votre fille sortir avec un garçon que vous ne connaissez pas, mais vous gardez le dialogue ouvert en lui posant des questions. Si d'autres personnes sont de la partie, il s'agit d'une expérience normale de l'adolescence. S'ils vont seuls au cinéma, alors il est normal de décourager les fréquentations à un trop jeune âge. (Vous décidez ce que signifie « trop jeune » pour vous ; pour bien des parents, 15 ans est un âge raisonnable.) Votre ouverture d'esprit pour trouver un compromis vous aidera à garder votre fille en sécurité. Si elle préfère ne pas faire de compromis, vous lui expliquerez qu'elle ne pourra pas y aller, car votre devoir est d'établir des limites raisonnables pour elle.

Comme nous venons de le voir ci-dessus, vous pouvez hésiter à laisser votre fille sortir avec quelqu'un que vous ne connaissez pas, car ce n'est pas sécuritaire ou qu'elle est trop jeune, à moins d'établir certaines règles. Dans d'autres situations, vous pourriez demander à votre garçon ce qu'il fait après l'école, car il pourrait s'adonner à des activités dangereuses ou non appropriées pour son âge. Vous devez lui exposer les règles (pas d'alcool, pas de drogues, ne pas aller en voiture avec quelqu'un qui a pris de l'alcool, rentrer avant 23 h) non pas parce que vous avez arbitrairement décidé qu'il était trop jeune ou que ces activités ne sont pas légales, mais parce que vous voulez qu'il soit en sécurité et responsable et savoir que vous pouvez lui faire confiance de suivre les règles.

Votre jeune est train de développer sa capacité à évaluer les risques et les gratifications, il est donc souvent nécessaire de prendre des décisions pour assurer, entre autres choses, sa sécurité. Vos priorités — sécurité, responsabilité et respect des règles — peuvent entraver les priorités de votre jeune, à savoir son désir d'indépendance, d'acceptation sociale et de divertissement. Si vous réussissez à établir dès le départ l'équilibre entre la sensibilité et la fermeté, vous donnerez le ton aux futures discussions et à la prise de décision conjointe.

CE QUE VOUS FAITES – ET LA FAÇON DONT VOUS VOUS Y PRENEZ – EST IMPORTANT !

Que vous le vouliez ou non, votre adolescent (comme la majorité des jeunes) essaiera éventuellement l'alcool et d'autres drogues, aura des relations sexuelles et rencontrera toutes sortes de gens (que vous n'aimerez pas tous). Même si de lui-même il n'est pas tenté, soyez assuré que ses amis le pressent d'essayer. Au lieu d'essayer de contrôler ces changements rapides par la force ou d'autres moyens, vous devriez plutôt le conseiller, vous montrer cohérent dans vos règles et assurer sa sécurité. En mettant l'accent sur sa sécurité au lieu de vous en tenir à dicter des règles et à imposer des punitions, vous conservez le même rôle familier et important que vous avez toujours tenu à ses yeux depuis son enfance.

Votre adolescent respectera ce rôle changeant, mais familier — même si cela l'exaspère à l'occasion — parce que vous faites tous deux votre travail. Il doit affirmer sa propre identité et son indépendance (parfois à une allure alarmante), et vous, encourager son épanouissement tout en veillant à ce qu'il fasse des choix sécuritaires et en retardant des choix risqués.

Même si votre enfant n'affiche pas encore les comportements susmentionnés, son entourage peut faire pression sur lui ou encore il peut se retrouver dans des situations où ses amis s'exposent à des risques. Ce n'est pas facile, pour lui comme pour vous. Il est très important pour un adolescent d'être accepté par ses pairs, et les parents se sentent parfois exclus de la vie de leur enfant. Néanmoins, si vous mettez en garde votre adolescent et le conseillez de manière appropriée, vous influencerez ses choix, même si ce n'est pas évident sur le coup. Les études ont montré à maintes reprises que les parents continuent d'avoir une influence considérable sur leurs enfants durant l'adolescence. N'en doutez plus : *vous avez de l'importance*.

Pour conserver votre importance dans la vie de votre enfant et demeurer efficace, vous devez cependant vous montrer sensible aux transformations qu'il vit et à la façon dont votre rôle peut changer. Ce livret expose certains des changements qui s'opèrent, mais surtout explique comment les parents peuvent encourager des changements positifs et atténuer certains des effets négatifs de l'adolescence.

Les parents qui s'intéressent vivement aux activités et allées et venues de leurs adolescents et qui établissent des règles et limites appropriées au sein d'une relation positive et ouverte favorisent le développement d'une bonne estime de soi et d'une image positive chez leurs enfants.

On se rend donc compte que ce n'est pas uniquement ce que *font* les parents qui importe, mais aussi le *contexte émotif* qu'ils établissent. Les adolescents sont très sensibles aux émotions ambiantes et sont capables de lire les humeurs et le langage corporel de leurs parents ; ils choisissent alors le moment propice pour présenter leurs demandes. Ils se sentent parfois plus à l'aise de laisser libre cours à leurs émotions et s'attendent à ce que vous fassiez de même. Vous ne tomberez pas dans ce piège si vous établissez dès le départ le ton de la conversation. Rappelez-vous de rester centré sur le problème en question et de transmettre votre point de vue ou opinion dans une atmosphère de soutien.

Montrer — ne pas uniquement critiquer

L'adolescence est souvent la période du développement de leur enfant qui inquiète le plus les parents. Cette inquiétude est surtout issue de stéréotypes répandus et déformés voulant que les adolescents soient difficiles, aient mauvais caractère et soient d'humeur changeante.

Pourtant, seule une infime proportion de familles (entre cinq et 10 pour 100) voient leurs relations se détériorer avec leur enfant durant l'adolescence. Au lieu d'adopter une attitude trop prudente ou rigide avec votre enfant, vous devriez plutôt l'encourager à mûrir et à devenir plus responsable et indépendant. Si vous réussissez dans cette voie, vous aurez franchi l'étape la plus importante de cette période cruciale.

Cependant, si vous vous conformez à des mythes et stéréotypes dépassés sur les adolescents, vous pouvez donner l'impression à votre jeune qu'il vous rend la vie infernale. Examinons certains de ces mythes afin de pouvoir envisager la situation d'un nouvel œil.

MYTHE N° 1 : « L'ADOLESCENCE EST LA PIRE PÉRIODE ! »

On s'attend à ce que les adolescents causent des problèmes et minent la vie de leurs parents, pas vrai ? Faux. Les chercheurs qui se sont penchés sur ce stéréotype ont découvert que trois adolescents sur quatre, soit 75 p. 100, disent bien s'entendre avec leurs parents et que les autres adolescents qui se considèrent malheureux éprouvaient déjà des problèmes avant l'adolescence. Ce constat a bien ébranlé la théorie du fossé générationnel très répandue dans notre culture pour expliquer les problèmes vécus par les parents. La plupart des adolescents veulent en fait passer du temps avec leurs parents.

Et pourtant, malgré ce fait, la plupart des livres traitant de l'adolescence mettent encore l'accent sur les conflits, en rejetant sur l'adolescence les problèmes vécus par les parents. On croit encore que c'est une période difficile et que les adolescents sont des êtres singuliers, pénibles, colériques et ingrats.

Ce stéréotype surfait peut en effet influencer la façon dont nous réagissons aux situations normales de l'adolescence. Veillez donc à ne pas sauter trop vite aux conclusions ! Vous devez vous attendre à un certain stress et à des conflits, mais essayez toutefois de profiter de cette période de transition. Dans quelques années, ces petits heurts vous paraîtront bien loin et vous aurez développé une relation solide et mature avec un adulte.

MYTHE N° 2 : « TOUT TOURNE EN DISPUTE ! »

Les parents se plaignent souvent de cette situation, mais elle reflète leur frustration lorsqu'ils tentent de résoudre les petits tracas quotidiens avec leur jeune. Sans doute serez-vous surpris d'apprendre qu'un peu de stress est souvent positif. Les experts croient que les petits problèmes quotidiens que vous vivez avec votre jeune, surtout ceux liés à son besoin d'indépendance, lui servent en fait de terrain de pratique pour devenir un adulte autonome plus tard. Même si cela peut vous sembler difficile à accepter, les discussions et les désaccords sont normaux, et ils peuvent même s'avérer utiles !

Quiconque vit avec un adolescent sait que les conflits sont inévitables. D'ailleurs, les experts disent que les adolescents ont en moyenne sept désaccords par jour ! Les mères sont celles qui encaissent le plus le coup, suivies des frères et sœurs, des pères, des camarades et des autres adultes de leur entourage. Le plus souvent, ces disputes concernent l'heure de rentrée, le choix des amis et des activités, les corvées, la consommation d'alcool et d'autres drogues, les devoirs, la discipline, les règles à la maison, la participation à des activités illégales et la difficulté à communiquer.

Ces conflits font néanmoins partie de la croissance de tout être humain. La plupart ne dégénèrent pas en batailles intenses (même si cela peut arriver), mais prennent plutôt la forme de jeux de rôle où le jeune apprend à acquérir des aptitudes à la communication et à la résolution de conflit. Les jeunes doivent apprendre à résoudre les conflits dans leur vie, et leurs parents, frères et sœurs et amis les aident dans cette tâche (consciemment ou non). Voyez ces situations comme un tremplin où votre jeune acquerra les aptitudes pour résoudre de plus gros problèmes plus tard.

MYTHE N° 3 : « JE N'ARRIVE PAS À LA RAISONNER — ELLE N'ÉCOUTE PAS ! »

L'adolescence n'est certainement pas une période exempte de disputes. Mais les parents vivent cependant les conflits différemment de leurs enfants. Mères, pères et adolescents voient en réalité les interactions d'un œil tout à fait différent. Selon les experts, les parents se préoccupent beaucoup plus des chamailles que les adolescents. Le psychologue Lawrence Steinberg explique dans son livre *You and Your Adolescent* (voir la section Ressources) que cela est lié à la nature du développement de l'adolescence. Vous pouvez vivre et décrire les disputes différemment de votre jeune, car les parents analysent les problèmes selon les notions de bien ou de mal, tandis que les adolescents voient souvent le même problème comme une question de choix personnel.

Pour illustrer cette différence importante, le psychologue se sert de l'exemple de la propreté de la chambre à coucher. Pour les parents, il s'agit habituellement d'une chose importante, car c'est la « bonne chose à faire », alors que le jeune, lui, voit l'état de sa chambre comme ses propres affaires (une question d'autonomie si l'on peut dire).

Cette différence de perception peut aussi expliquer pourquoi les parents et les adolescents se sentent différents après un conflit. Les parents voient souvent un conflit comme un reflet (négatif) de la façon dont ils élèvent leur enfant. Ils concluent alors que leur adolescent rejette intentionnellement leurs valeurs, ce qui leur apparaît comme un manque total de respect. (Une petite voix dans leur tête peut crier : « Dans mon temps, mon père ou ma mère m'aurait fait entendre raison ! »)

Les adolescents, quant à eux, attachent beaucoup moins d'importance à ces conflits. À leurs yeux, leur comportement n'a rien de bien rebelle. C'est le temps pour eux de s'affirmer, voilà tout. (Ils peuvent vous dire : « C'est ma chambre, pourquoi ça te dérange ? ») Pour cette raison, c'est habituellement le parent qui se fâche et se sent frustré pendant un certain temps.

MYTHE N° 4 : « IL SAIT COMMENT ME FAIRE FÂCHER. » (C'EST PEUT-ÊTRE EN PARTIE VRAI…)

S'il est vrai que les conflits entre parents et adolescents sont normaux, ils n'en sont pas plus faciles, surtout pour les parents ! Cette période transitoire est stressante, pour vous comme pour votre jeune, et elle peut avoir des répercussions sur votre santé mentale et vos autres relations. Même si les disputes à propos de choses banales détruisent rarement la relation parent-enfant, leur nature répétitive peut cependant miner la santé mentale des parents et leur bien-être.

La relation des mères avec leur fille et des pères avec leur garçon semble être plus difficile. Ces parents signalent une plus grande détresse psychologique, se disent moins satisfaits de leur mariage et s'inquiètent davantage lorsque leur enfant se transforme physiquement, commence à sortir avec un garçon ou une fille et s'éloigne d'eux au plan émotif. Les couples qui ont tissé des liens étroits entre eux et avec des amis et des collègues peuvent être épargnés, contrairement aux parents célibataires qui peuvent être plus vulnérables.

© ZITS Partnership. Reproduit avec la permission spéciale de King Feature Syndicate

Les parents qui sont bouleversés (qui se sentent par exemple déprimés ou anxieux, ou qui doutent d'eux-mêmes) se sentent moins efficaces dans leur rôle de parent et le sont effectivement moins. Si c'est votre cas, essayez de vous concentrer sur votre rôle et sur ce que vous tentez d'accomplir, et essayez de ne pas vous en faire.

Si vous voyez votre rôle comme une personne qui montre, et non qui exige, vous pourrez peut-être aborder cette tâche complexe de façon plus réaliste. En tant qu'enseignant, votre devoir est de montrer à votre enfant ce que vous savez et ce qu'il doit apprendre, les bonnes choses, comme les moins bonnes. Les adolescents essaient souvent de voir le revers des situations. Donc, si vous ne faites que les sermonner sur les mauvais côtés des choses (par exemple sur les dangers de l'alcool et des autres drogues), ils se montreront naturellement curieux de leurs avantages (ils pourraient vous demander par exemple : « Pourquoi aimez-vous alors prendre un verre ? »). Un enseignant — et parent — efficace montre à ses élèves comment penser par eux-mêmes et devenir autonomes. Les adolescents sont futés. Il est alors préférable de leur enseigner à peser le pour et le contre des nouvelles situations et expériences, tout en évitant de tomber dans les explications trop catégoriques qu'ils peuvent trop facilement rejeter d'emblée.

Comprendre le développement de votre adolescent — et son effet sur vos rapports

Vous ne devez pas vous demander si vos rapports avec votre enfant vont changer à l'adolescence, mais plutôt de quelle façon et dans quelle mesure, et quelles en seront les conséquences. Selon les études, il est courant que les adolescents perçoivent leur relation avec leurs parents sous un œil moins positif que lorsqu'ils étaient plus jeunes. Dès 14 ans, la plupart des adolescents disent vivre plus de conflits avec leurs parents et vouloir moins d'ingérence dans leur vie. Ils déclarent aussi se sentir moins positifs à leur égard (et vice versa). Ces sentiments sont bien normaux.

Plus que toute autre étape du développement, l'adolescence semble être pavée d'un nombre interminable de crises. Ces crises, bien évidemment, font partie du processus d'adaptation bien courant qui favorise le développement de l'enfant, comme la première journée d'école et la première nuit passée hors du foyer familial.

Les jeunes font face à beaucoup de stress et à de nouveaux défis. Ils ont besoin d'individualité et veulent en même temps se conformer à un groupe et aux attentes de leur entourage. En plus, certains doivent surmonter d'autres difficultés comme leur identité culturelle ou orientation sexuelle, qui deviennent critiques si ces caractéristiques sont minoritaires dans leur entourage. Ils peuvent se sentir tiraillés par les exigences de leur culture et de la société et devoir faire des choix difficiles.

AFFIRMER SON AUTONOMIE

Pour comprendre qui ils sont et ce qu'ils feront de leur vie, les adolescents doivent avoir un sentiment d'indépendance et d'accomplissement. Ils veulent être considérés comme autonomes et, pour ce faire, ils doivent donc devenir moins dépendants émotivement de leurs parents. Les jeunes luttent pour affirmer leur indépendance. Ils ont besoin de prendre leurs propres décisions et d'affirmer leurs valeurs fondamentales et morales.

Et en même temps, ils ont besoin de se sentir près de leur famille, car elle leur assure un filet de sécurité à partir duquel ils peuvent tenter de nouvelles expériences et où ils peuvent se réfugier lorsque ces tentatives tournent mal. Les efforts déployés par les jeunes pour établir un équilibre entre leur liberté et leur lien familial peuvent aussi les mener à adopter des comportements contradictoires. Ils peuvent se montrer affectueux envers leurs parents un instant, et l'instant d'après s'esquiver. Vous pouvez reconnaître en eux le petit enfant de toujours ou vous retrouver devant un parfait étranger. Ces énormes variations traduisent leurs efforts pour se démarquer de leurs parents ou frères et sœurs et de l'enfant qu'ils étaient avant. (Ils peuvent même vous rétorquer : « Je ne suis plus un enfant. »)

CHANGEMENTS PHYSIQUES ET ÉMOTIFS

Vous serez peut-être surpris d'apprendre que l'adolescence implique plus de changements biologiques, psychologiques et sociaux que toute autre étape du développement, outre la petite enfance. Cette période permet l'acquisition des habiletés et des valeurs nécessaires à l'âge adulte. C'est aussi la période qui comporte les plus grands risques relativement à l'échec scolaire, à la violence et aux comportements malsains.

Votre enfant de 12 ans a probablement établi une relation satisfaisante avec vous et ses frères et sœurs et d'autres adultes, et il est à la recherche de sa propre identité. En moins de sept ans, il sera sur le point s'assumer des responsabilités d'adulte et on s'attendra à ce qu'il devienne complètement autonome. Faut-il s'étonner alors que les parents aient besoin d'aide pour savoir comment offrir le meilleur soutien à leur adolescent ?

Examinons de plus près les changements majeurs qui surviennent durant l'adolescence.

APPARENCE ET COMPORTEMENT

Les changements physiques sont les plus apparents et peuvent influencer la façon dont les adolescents se perçoivent et interagissent avec leur entourage. Alors qu'ils prennent conscience d'eux-mêmes, ils doivent gérer des poussées de croissance rapides et des fluctuations hormonales qui peuvent accroître leur sentiment d'insécurité et d'éveil de soi. Et le fait d'être parmi les premiers ou les derniers d'une classe à vivre ces changements complique davantage la situation.

Bien entendu, le comportement des jeunes durant l'adolescence est très différent de celui qu'ils avaient durant l'enfance, tout comme leur mode de pensée et leur perception du monde. Les relations qu'ils entretiennent changent aussi considérablement, car les jeunes commencent à accorder plus d'importance à leurs amis qu'à leur famille. Dans leur lutte pour se forger une identité, ils tentent de s'éloigner de leur famille et de former des liens plus serrés avec leurs camarades. Entre l'âge de 12 et 15 ans, les jeunes commencent à délaisser les activités avec les personnes de même sexe pour s'intéresser davantage aux activités de groupes mixtes et aux fréquentations.

DÉVELOPPEMENT DU CERVEAU ET JUGEMENT

Les parents doivent aussi connaître les changements importants qui s'opèrent au niveau du cerveau. La partie responsable du contrôle des émotions, des impulsions et du raisonnement se développe rapidement durant cette période. Toutefois, comme cette partie du cerveau est encore en développement, les adolescents ne sont pas tous capables d'avoir de l'autocontrôle et peuvent aussi mal juger les conséquences possibles de leurs actes.

Au fur et à mesure qu'ils grandissent, leurs capacités intellectuelles deviennent plus sophistiquées, leurs attentes à l'égard des relations sont plus réalistes et leur capacité à contrôler leurs émotions s'aiguise. Leurs raisonnement et capacité à résoudre les problèmes s'améliorent avec le temps, ce qui signifie qu'ils sont dorénavant en mesure d'examiner une situation sous plusieurs angles. Ils peuvent penser à ce qui *pourrait* arriver tout autant qu'à ce qui est *en train* d'arriver et se servir de cette information pour réfléchir à eux-mêmes, à leurs relations et au monde en général de façon plus complexe.

Le développement d'un cerveau immature peut donc en partie expliquer la raison pour laquelle les expériences avec l'alcool, les autres drogues et les relations sexuelles peuvent s'avérer particulièrement dangereuses. Les adolescents sont naturellement portés à tenter ces expériences, mais ils n'ont pas encore le jugement et les connaissances nécessaires pour retarder cette gratification et faire des choix plus sécuritaires. Des études récentes indiquent d'ailleurs que certaines substances, en particulier l'alcool, ont des conséquences néfastes à long terme sur le développement du cerveau, surtout en ce qui a trait à la mémoire. Les adolescents doivent comprendre que les excès d'alcool en particulier, peuvent causer des dommages irréversibles, car ils freinent le développement du cerveau.

CONSCIENCE DE SOI

À mesure que les adolescents mûrissent, ils peuvent planifier, anticiper les réponses des autres et débattre de questions plus efficacement. D'une part, cette compréhension accrue de leurs émotions et de leur capacité d'analyse favorise le développement de rapports plus intimes avec les autres. D'autre part, ils peuvent devenir trop centrés sur eux-mêmes et croire que leur entourage ne fait que les regarder et les juger. Les choix par rapport à leurs relations, à leurs intérêts et à leur bien-être se font aussi durant l'adolescence et peuvent durer toute leur vie.

À ce stade, les adolescents commencent à délaisser les activités familiales pour s'intéresser davantage à celles de leurs camarades et à séparer leur « personnalité en famille » de leur « personnalité entre amis ». Ils s'éloigneront des membres de leur famille et chercheront des réponses à leurs questions auprès de leurs camarades. Les parents devront graduellement délaisser leur rôle dominant tout en conservant une présence active. Les camarades pourront être de bon conseil pour des questions superficielles comme la tenue vestimentaire, mais les parents conserveront une grande influence sur les questions d'importance comme les valeurs morales, la sécurité, les résultats scolaires, la gestion financière et les objectifs à long terme.

Comprendre les pressions – et les risques – auxquels votre adolescent fait face

PRESSIONS À BOIRE, À FUMER ET À AVOIR DES RELATIONS SEXUELLES

Voici de quoi faire peur aux parents : la plupart des adolescents entre 11 et 15 ans commencent à essayer de diverses façons la cigarette, l'alcool, les autres drogues et les relations sexuelles. Ils s'y adonnent en grande partie en réponse aux pressions de leurs camarades, mais aussi parce que ces expériences font partie du rite de passage vers l'âge adulte. Que vous le vouliez ou non, ils seront exposés à de nombreuses tentations et auront alors besoin de conseils — pas de menaces — pour franchir cette étape.

On aimerait mieux croire que nos enfants peuvent résister à ces pressions et faire de bons choix, mais notre expérience de la vie et les statistiques nous indiquent plutôt qu'ils ont besoin d'aide. Chaque adolescent devra décider d'essayer ou non ces activités dangereuses. Certains seront influencés par leurs camarades de tenter l'expérience. D'autres se contenteront de regarder et d'autres encore deviendront des « conseillers d'urgence » encourageant leurs amis à faire des choix sécuritaires et à leur offrir leur soutien en cas de problèmes.

Dans le cadre de nos recherches auprès des adolescents, nous avons posé à plus de 1 400 élèves de 10 écoles secondaires du sud-ouest de l'Ontario des questions sur leur consommation d'alcool et d'autres drogues, sur leurs activités sexuelles et sur les mauvais traitements par un partenaire intime. Dans les figures 2 à 5, vous pourrez voir clairement une tendance se dessiner à l'égard des comportements dangereux. On

Figure 2
EXCÈS D'ALCOOL

Hausse soutenue de la proportion des adolescents qui font des excès d'alcool

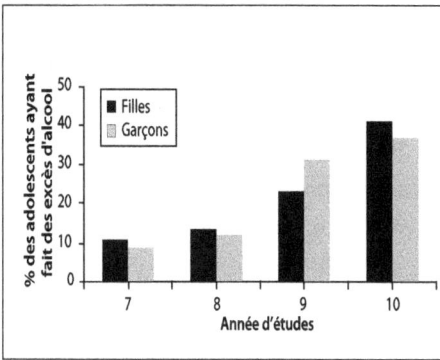

Figure 3
CONSOMMATION DE MARIJUANA

Hausse soutenue de la proportion des adolescents faisant usage de la marijuana

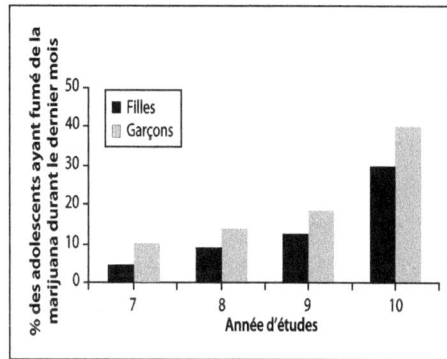

Figure 4
ACTIVITÉ SEXUELLE

Forte hausse de la proportion des adolescents ayant des relations sexuelles

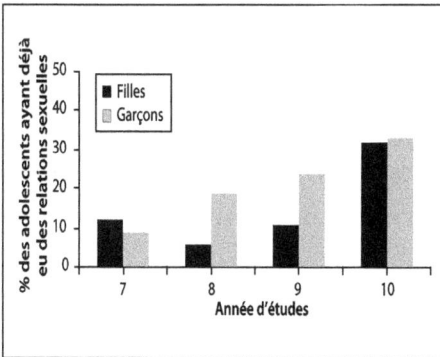

Figure 5
VIOLENCE DANS LES FRÉQUENTATIONS

Forte hausse de la violence dans les fréquentations entre la 9e et la 10e année

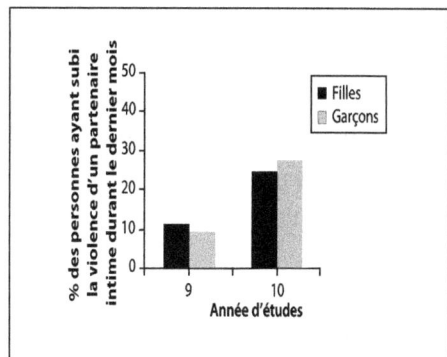

45

constate une augmentation constante des excès d'alcool, de la consommation de marijuana, des relations sexuelles et de la violence dans les fréquentations entre la 7e et la 10e année, et elle atteint son sommet entre la 9e et la 10e année.

Dès la 10e année, environ 40 p. 100 des filles et des garçons signalent avoir fait des excès d'alcool au cours du mois précédent (par excès d'alcool, on entend boire cinq consommations ou plus d'alcool en une occasion) ; 30 p. 100 des filles et 40 p. 100 des garçons disent avoir fumé récemment de la marijuana ; 25 p. 100 auraient eu des relations sexuelles et environ 30 p. 100 auraient été victimes de violence dans leurs fréquentations au cours du mois précédent.

Ces résultats sont comparables à ceux d'autres études menées en Amérique du Nord, et toutes concluent que l'expérimentation de ces substances et des relations sexuelles, tout comme l'expérience de la violence par un partenaire intime sont malheureusement choses courantes.

PRESSIONS À SE FAIRE CONSIDÉRER COMME UN « DUR » (CHEZ LES GARÇONS) ET À ÊTRE POPULAIRE (CHEZ LES FILLES)

Très jeune, votre enfant a vite compris les différences entre les hommes et les femmes et les garçons et les filles. La classification du monde en catégories simples facilite l'apprentissage des jeunes enfants, ce qui est très bien. Cette vision simpliste et très biaisée du monde qui les entoure s'estompe vers le milieu de l'enfance alors que les enfants se sentent plus à l'aise d'interagir avec les enfants de leur sexe comme du sexe opposé.

Au début de l'adolescence cependant, d'autres pressions font surface, et les enfants doivent saisir d'autres concepts. Pour la plupart des garçons et des filles ces pressions se traduisent par un besoin de se conformer, d'être acceptés. Ils en viennent alors à vouloir les mêmes vêtements que leurs camarades, à se comporter de la même manière et à leur ressembler. Même si la majorité des adolescents ne veulent pas l'admettre, ils sont portés à afficher des signes extérieurs (par exemple leurs chaussures, coiffure, jeans et goûts musicaux) qui indiquent clairement qu'ils sont ou bien un garçon ou bien une fille, et qu'ils en sont conscients.

Les garçons, par exemple, sentent qu'ils doivent être des durs et sont récompensés pour leur excellence dans des activités traditionnellement masculines (p. ex. athlétisme, chef de groupe). Le « sportif » est encore aujourd'hui le type de garçon le plus populaire et respecté dans la plupart des campus du secondaire. Les filles, cependant, sont récompensées pour leur gentillesse, et leur popularité s'accroît lorsqu'elles réussissent dans des secteurs traditionnellement féminins (p. ex. l'apparence physique et la popularité sociale — autant auprès des filles que des garçons).

En raison des fortes attentes culturelles et des préjugés, ces expressions sur la féminité et la masculinité sont assez normales. Néanmoins, l'un des nombreux pièges de cette « rectitude sexuelle », c'est que les adolescents se sentent obligés d'abandonner des activités où ils excellent, car elles ne sont plus considérées comme acceptables. Comme les talents athlétiques sont souvent recherchés chez les garçons, ils perdent alors implicitement de leur importance chez les filles. En fait, entre l'âge de 12 et de 15 ans, les filles abandonnent les activités sportives à un rythme alarmant, sans égard à leur aptitude antérieure.

Parallèlement, les attributs considérés comme attrayants chez les filles, comme l'intimité et l'émotivité seront dorénavant évités par les garçons qui cherchent à être acceptés par leurs pairs masculins qui sont à l'affût des signes d'homosexualité (voir la section Pressions à dénigrer les autres). Les garçons qui s'intéressent à la musique ou aux arts plastiques par exemple, peuvent se sentir pressés de prouver leur masculinité en adoptant un comportement agressif et hyper masculin dans d'autres activités. De la même façon, les filles qui s'intéressent aux sports peuvent tenter d'exagérer leur féminité dans d'autres secteurs d'activités afin d'éviter les moqueries de leurs camarades.

À l'autre extrême, certains garçons ou filles choisissent plutôt de rejeter complètement le courant populaire et de former leur propre groupe de personnes aux intérêts communs et qui se distingue alors par une coiffure, des vêtements ou des goûts musicaux particuliers. Même si l'appartenance à une sous-culture procure un sentiment d'identité et des intérêts communs à ses membres, ces personnes subiront quand même les mêmes pressions néfastes que l'on retrouve dans la culture dominante de l'école.

Les garçons croient que pour être acceptés par leurs pairs, ils doivent se distinguer le plus possible des filles. Les filles, de leur côté voudront aussi se différencier des garçons, mais à un degré moindre. Pour être acceptés par leurs pairs, les garçons devront afficher les caractéristiques masculines les plus apparentes et éviter d'être victimes de violence verbale ou physique.

PRESSIONS À SE CONFORMER

En tant que parent, vous savez sans doute que la pression la plus forte — et souvent invisible — à laquelle les adolescents font face est de se conformer à ce que les autres adolescents jugent acceptable. C'est la raison pour laquelle les adolescents veulent tant porter les bons vêtements, écouter la bonne musique et participer aux bonnes activités scolaires et parascolaires. Cette vigilance est bien normale et fait partie de cette période de développement. Les adolescents sont passés maîtres dans l'art de reconnaître ce qui est « cool » et « quétaine » et ils se surveillent pour s'assurer qu'ils ne sortent pas du rang.

Même si tout le monde y fait face un jour ou l'autre, ces pressions ne sont pas inoffensives. Certains adolescents craignent chaque jour d'être humiliés, tourmentés, menacés ou blessés à l'école, et même parfois par les personnes qu'ils considéraient quelques jours auparavant comme leurs amis. Quelque chose va de travers — elle a porté les mauvais souliers, dit la mauvaise chose ou sorti avec le mauvais garçon — et son monde bascule presque du jour au lendemain. Pour faire face à la pression d'être considérés comme une personne gentille ou un dur, les adolescents sentent qu'ils doivent afficher leur loyauté, même s'ils doivent pour cela se montrer méchants envers d'autres personnes.

Il n'est pas facile de se conformer à la culture de l'école, et cela entraîne parfois de la frustration, de la colère, de la dépression et du désespoir. Cela peut même se manifester de façon aiguë chez les adolescents qui cherchent à se démarquer davantage, qui ont des intérêts non traditionnels, qui viennent d'un pays étranger ou d'une culture différente, qui ont une orientation sexuelle différente, ou qui se démarquent d'une façon ou d'une autre du courant dominant. Ces adolescents représentent une minorité assez importante dans chaque école, et pourtant ils sont les cibles courantes des méchancetés, de l'intimidation ou du harcèlement par leurs pairs du même sexe ou du sexe opposé.

PRESSIONS À DÉNIGRER LES AUTRES

L'insulte la plus courante dans les écoles de nos jours est de se faire traiter de « gay », davantage même que les remarques racistes et sexistes qui sont devenues interdites. Comme les adultes (nous tous : parents, enseignants, membres du clergé, et autres personnes influentes dans nos collectivités) n'ont pas dénoncé ouvertement les insultes homophobes, elles sont devenues de fait acceptées et courantes. L'homosexualité est si stigmatisée dans notre société que la pire insulte que l'on puisse lancer à quelqu'un est de le traiter de gay, qu'il le soit ou non. De telles insultes indiquent visiblement comment les jeunes surveillent leurs frontières afin de se conformer à leur sexe ou à d'autres attentes. En tant que parents, nous devons dire à nos adolescents qu'il est inacceptable d'injurier les autres ou d'avoir à cacher leur propre identité.

Les insultes homophobes et le langage abusif envers les gens qui semblent différents (« C'est tellement tapette ! » et « Il est bizarre ! ») prennent leur envol dans les premières années de l'adolescence, et cette tendance va en s'aggravant. En fait, le fait d'être traité de gay ou de lesbienne est manifestement le plus grand changement dans le type de harcèlement vécu par les adolescents au cours des dix dernières années. Les garçons, surtout, se sentent obligés de se surveiller afin de se protéger contre cette humiliation ou de ne pas être considérés comme assez masculins. À l'instar des insultes racistes et sexistes, les insultes homophobes sont issues de l'ignorance et créent une atmosphère de soupçons, de craintes et d'intolérance.

Les injures « gay » ou « bizarre » n'ont comme seul objectif pour l'offenseur que d'être mieux considéré par ses pairs en prouvant qu'il a lui ce qu'il faut. Pas étonnant que les garçons considèrent les insultes homophobes comme insignifiantes (répliquant que ce ne sont que des blagues), tout comme les commentaires négatifs qu'ils expriment envers les filles et les femmes. Bien entendu, ces attitudes et ces pressions justifient le langage abusif des garçons (et dans une certaine mesure celui des filles) et leurs gestes envers autrui, surtout envers ceux qui ne se conforment pas aux stéréotypes masculins.

PRESSIONS À RÉUSSIR À L'ÉCOLE

Les devoirs et la réussite scolaire sont probablement les formes les plus courantes de stress que vivent les adolescents. La charge des travaux au fil des années d'études s'accroît, et nombre d'élèves se sentent débordés et craignent de ne pas tenir le coup. Outre le nombre et la difficulté accrus des travaux, les jeunes sentent une plus grande pression à réussir — de la part de leurs enseignants, de leurs parents et même de leurs camarades. Fait intéressant, les garçons disent se sentir ainsi en 6e année et les filles en 10e année.

Le rendement et la réussite scolaires sont positivement liés au *soutien* parental, mais négativement liés à la pression des parents pour décrocher de bonnes notes. En fait, au lieu de motiver les élèves à réussir, cette pression peut avoir l'effet contraire, entraînant ainsi un désintérêt envers les études.

L'importance du sentiment d'appartenance à l'école, sans pression indue, a été soulignée dans l'étude menée auprès de plus de 7 000 jeunes Canadiens (âgés entre 10 et 16 ans). [1] Le bien-être général des élèves était grandement lié à leur bien-être à l'école. D'ailleurs, les élèves qui se sentaient moins poussés par leurs parents à bien réussir à l'école signalaient la plus grande satisfaction et la plus grande réussite perçues ! Ces élèves voyaient leurs rapports avec leurs enseignants et leurs parents sous un œil plus positif et avaient une meilleure estime de soi que les élèves qui se sentaient obligés de décrocher de bonnes notes.

L'IMPORTANCE DES RELATIONS

La figure 6 met en lumière une réalité qui n'est pas toujours évidente : les comportements à risque, comme la consommation d'alcool et d'autres drogues, la violence par les camarades ou les partenaires intimes et les comportements sexuels précoces, surviennent dans le cadre des relations. Les adolescents s'adonnent à ces activités pour être

---

[1] Boyce, W. (éd.). (2003). *The Health Behaviour of School Age Children: The Canadian Report*. Ottawa, Ontario, Santé Canada. Pour de plus amples renseignements sur l'étude, veuillez consulter le site www.hbsc.org.

Figure 6
CERCLE VICIEUX DES COMPORTEMENTS À RISQUE

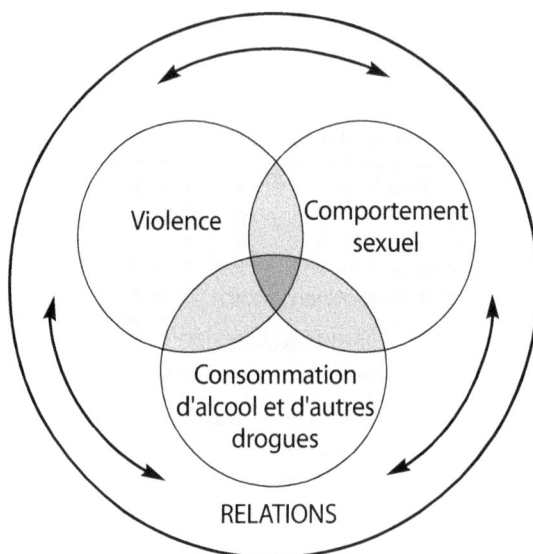

acceptés, se sentir adultes et tenter de nouvelles expériences. Les relations peuvent mettre plus de pression et accroître les risques, tout comme elles peuvent aussi servir à protéger le jeune.

Le contexte des relations varie selon le stade de développement, comme la résolution de conflit avec les parents ou les amis, la recherche d'un nouveau statut ou de l'acceptation, ou encore la quête de nouveaux plaisirs. Le niveau de risque est alors déterminé par l'habileté individuelle à composer avec les problèmes relationnels, surtout avec les parents, les camarades et les partenaires intimes.

Outre ce contexte relationnel, certaines activités vont souvent de pair ; les adolescents qui disent faire des excès d'alcool déclarent aussi prendre de la marijuana, avoir des rapports sexuels ou vivre de la violence dans leurs fréquentations. Nous appelons cette situation le triangle des comportements à risque (*voir figure 6*), car ces comportements sont associés à des causes, situations et désirs communs. Cela nous signale aussi que si un adolescent pratique l'une de ces activités, il sera probablement porté à essayer les autres. Les études révèlent par exemple que la consommation d'alcool est le dénominateur commun des activités non sécuritaires comme le tabagisme, l'activité sexuelle, l'alcool au volant et la violence.

« QUEL MESSAGE EST-CE QUE JE TRANSMETS ? »

Les parents doivent reconnaître que l'expérimentation dans une certaine mesure est normale et peut être formatrice. Que vous le vouliez ou non, l'interdiction d'expérimenter ou la punition pour l'avoir fait peuvent vous aliéner votre adolescent. Nous devrions plutôt transmettre à notre jeune qu'on s'intéresse à lui et mettre l'accent sur

© ZITS Partnership. Reproduit avec la permission spéciale de King Feature Syndicate

la sécurité personnelle, les choix et les responsabilités. Ce message doit aussi souligner les conséquences du non-respect des limites établies.

Nous devons aussi aider nos enfants à réussir en les motivant et en les encourageant. Il faut toutefois avoir des attentes réalistes et éviter d'ajouter aux pressions que vivent déjà nos adolescents.

Que devons-nous faire alors ? Comme l'adolescence est la période transitoire qui prépare les jeunes à l'âge adulte et aux privilèges, il est donc normal qu'ils tentent des expériences. La question est alors de savoir quand et comment les adolescents feront leurs expériences et quelle en sera la nature, et quel rôle les adultes devront jouer pour veiller à ce que leurs jeunes fassent des choix sécuritaires et responsables. Nous devons accepter la réalité de ces comportements et atteindre un équilibre entre la sensibilité et la fermeté.

En bref, les parents doivent offrir à leur jeune le plus d'encouragement et de soutien possible et se montrer véritablement intéressés à leur vie sociale et scolaire. S'il est important de surveiller les devoirs de votre adolescent et ses résultats scolaires, ayez des attentes réalistes, sans les lier à la culpabilité ni à la peur. Comme un jeune de 15 ans l'a déjà expliqué à ses parents : « C'est à moi de réussir, mais ce dont j'aurais bien besoin, c'est de votre soutien. »

Stratégies pratiques pour encourager les bons choix et les relations saines : 10 conseils aux parents

Au cours des 50 dernières années environ, notre connaissance des facteurs qui incitent les jeunes à faire des mauvais choix, et des moyens pour les préserver des situations dangereuses, a beaucoup progressé. Certains des facteurs négatifs qui influencent les adolescents s'actualisent sur le plan individuel. Par exemple, l'esprit de rébellion, les attitudes favorisant un comportement antisocial (y compris la drogue et la violence) ainsi que la propension à croire que les avantages de certaines situations en surpassent les risques sont des éléments qui permettent fréquemment d'identifier les adolescents qui connaîtront des difficultés.

D'autres influences négatives sont liées aux relations d'un adolescent avec ses pairs. Par exemple, la fréquentation de fauteurs de troubles ou d'amis qui consomment de l'alcool ou d'autres substances, ou encore la recherche de la reconnaissance et de l'acceptation des pairs par l'adoption de comportements violents ou risqués, constituent les éléments qui reviennent le plus souvent dans les études portant sur les adolescents qui vivent des difficultés.

Enfin, certaines influences négatives favorisant les comportements à risque proviennent de la famille, du milieu scolaire ou de la communauté et de la culture en général. Voici quelques-uns des éléments les plus prédictifs de problèmes à l'adolescence : écoles inadéquates, possibilités réduites de réussite, membres de la famille qui consomment des stupéfiants ou ont recours à la violence, et méthodes d'éducation déficientes. En outre, les adolescents qui grandissent dans un environnement non sécuritaire, où ils sont exposés au crime et où il est facile de se procurer de l'alcool et d'autres substances, sont plus susceptibles d'éprouver de la difficulté à adopter des comportements sécuritaires.

En revanche, les jeunes qui possèdent des atouts comme des expériences de vie positives ou certaines qualités personnelles, telles que le bon sens et la compassion, sont susceptibles de devenir des adultes sains, bienveillants et responsables. Parmi les atouts qu'un jeune peut avoir, mentionnons la réussite ou la réalisation de soi à l'école, dans les sports, dans leurs cercles d'amis ou dans les activités bénévoles. La créativité et le talent musical représentent également des avantages. Les atouts peuvent être inhérents à la personne (talent musical ou aptitudes intellectuelles) ou extérieurs (comme le bénévolat ou la participation à des comités de pairs). Des relations saines avec des membres de la famille, des camarades et d'autres adultes importants dans leur vie aident les adolescents à renforcer leur confiance et leur estime de soi. Durant la période déterminante que constitue l'adolescence, les atouts des jeunes sont suffisamment importants pour influencer leurs choix et les aider à devenir des adultes responsables et accomplis.

Le nombre et la qualité des atouts que possède un adolescent a une influence importante sur la quantité de choix positifs qu'il fera, ainsi qu'un impact sur son développement. Des études ont montré que plus un adolescent possède d'atouts, plus son développement sera positif et fructueux. Inversement, moins un jeune a d'atouts, plus il risque d'avoir des comportements à risque, comme la consommation de drogues, les relations sexuelles non protégées ou l'usage de la violence.

Les atouts des jeunes influencent considérablement leur comportement en les protégeant des situations à risque et en favorisant des attitudes et des choix positifs. Cette influence ne se limite pas à certains groupes culturels ou statuts socioéconomiques, et elle agit de l'enfance au début de l'âge adulte.

Alors, quelle est donc la meilleure façon de protéger les jeunes contre les mauvaises influences ? Vous l'aurez deviné : il s'agit d'établir des relations saines. Nous savons qu'une relation positive avec des adultes bienveillants constitue un des principaux facteurs qui réduisent le risque de comportements problématiques chez les jeunes. Certains enseignants, entraîneurs, chefs religieux et autres membres de la communauté apportent un équilibre dans la vie des adolescents, qui sont accablés par la pression.

Voici quelques conseils visant à établir et à conserver des relations saines avec votre adolescent :

1. **Soyez honnête et ouvert.**

   La recherche indique que plus vous êtes honnête et ouvert avec votre adolescent, plus vous pourrez discuter de divers sujets, notamment des relations sentimentales et sexuelles. Parler de ce dernier sujet avec votre jeune est très important ; en effet, le degré d'ouverture dans les discussions entre parents et adolescents sur la sexualité est directement lié au moment choisi par les jeunes pour avoir leurs premières relations sexuelles. Des échanges en profondeur sur les relations amoureuses et le sexe constituent l'une des facettes d'une bonne relation parent-adolescent et peuvent contribuer à inciter les jeunes à retarder le début de leur vie sexuelle active. Lors de ces discussions, vous devriez faire part de vos convictions et de vos valeurs en matière de sexualité et prodiguer des conseils et des mises en garde à propos des conséquences négatives possibles de l'activité sexuelle à l'adolescence, notamment la transmission des maladies. Certains parents pourraient également en profiter pour s'assurer que leur adolescent plus âgé a en sa possession des condoms et d'autres moyens contraceptifs.

2.   Soyez un parent encadrant, et non pas un parent autoritaire ou permissif.
Agissez en parent encadrant, c'est-à-dire en combinant sensibilité et fermeté. En ce qui concerne son comportement, fixez à votre adolescent des normes et attentes élevées, et faites-les respecter au moyen d'une discipline conséquente. En même temps, créez une atmosphère de tolérance permettant le développement de la personnalité de votre enfant et de ses propres opinions.

3.   Privilégiez le principe de réduction des méfaits à la tolérance zéro.
Il n'est pas réaliste de croire que les adolescents renonceront à faire l'expérience d'activités réservées aux adultes, comme la consommation d'alcool et d'autres substances, les histoires d'amour et le sexe. Les parents qui essaient de tout interdire arbitrairement génèrent un conflit avec leur adolescent, qui le plus souvent réagira en omettant de les tenir au courant de ses activités. Au lieu d'adopter une attitude inflexible, les parents doivent discuter avec leur enfant des choix ainsi que des avantages et inconvénients des possibilités nouvelles qui s'offrent à lui, sans le menacer et de façon à ce qu'il comprenne les conséquences auxquelles il s'expose s'il trahit votre confiance. Dites-lui que vous désirez qu'il soit en sécurité et que, pour ce faire, il doit devenir responsable de ses actions, se fier à son jugement et faire ses propres choix.

4.   Ne croyez pas tout ce que vous lisez ou entendez.
Les médias essaient de nous faire croire que l'usage de drogues, la consommation excessive d'alcool, la violence et les relations sexuelles chez les mineurs sont beaucoup plus fréquents qu'ils ne le sont en réalité. Ces idées fausses peuvent susciter de la crainte chez les parents lorsque leur enfant approche de l'adolescence et influencer leur réaction face à son comportement. Ce phénomène est particulièrement vrai si les parents s'imaginent que leur enfant va nécessairement adopter

un comportement à haut risque. Assurez-vous d'avoir les bonnes informations et évaluez les idées fausses que vous pourriez avoir au sujet du comportement de votre adolescent avant de tirer des conclusions hâtives.

5. **Surveillez et supervisez les activités de votre enfant avec discernement.**
La supervision parentale est un élément clé pour limiter les comportements problématiques chez les adolescents. Vous devez toutefois user de discernement de façon à ne pas devenir trop importun et à ne pas envahir inutilement son intimité. Vous pouvez surveiller les activités de votre enfant simplement en étant présent (par exemple, avant son départ et à son retour) et en lui posant quelques questions sur un ton neutre (non accusateur). Une supervision trop pointilleuse peut entraîner des problèmes de comportement encore plus importants car l'adolescent pourrait se rebeller afin de se libérer des contraintes parentales.

6. **Mettez l'accent sur le positif.**
Essayez d'établir un dialogue positif avec votre adolescent lorsque l'occasion se présente. S'il existe un conflit entre vous (à propos, par exemple, des règlements, des corvées, de l'école ou de ses fréquentations), discutez-en avec lui, mais essayez également d'avoir des discussions constructives sur d'autres sujets. Ce n'est pas parce que vous vivez un conflit que toute interaction entre vous doit être négative. Essayez d'établir des interactions réellement positives au cours de la journée ou de la semaine afin que votre enfant comprenne que vous êtes insatisfait de ce qu'il a fait, pas de ce qu'il est.

7. **Encouragez votre adolescent à participer à des activités parascolaires.**
Des études ont montré qu'une participation accrue à des activités parascolaires à l'école ou dans la communauté peut avoir une influence positive sur le

rendement scolaire des adolescents et sur certains comportements prosociaux comme l'exercice du droit de vote ou le bénévolat au début de l'âge adulte. Soyez vigilants ! Les filles abandonnent la pratique des sports et des autres activités physiques à un rythme alarmant lorsqu'elles arrivent à l'école secondaire parce qu'on les pousse à croire que ce type d'activités n'est pas féminin. Discutez avec elles des pressions qu'elles subissent et expliquez-leur pourquoi il est important qu'elles prennent leurs propres décisions.

8. **Encouragez la flexibilité en matière de comportements et rôle sexuels.**
    Les adolescents subissent une pression considérable qui les pousse à se conformer aux attentes de leurs pairs (et parfois de leur famille) relativement à ce qu'un garçon ou une fille « devrait ou ne devrait pas faire ». Du début au milieu de l'adolescence, les jeunes se conforment rigoureusement aux rôles sexuels. Pendant cette période, les garçons accordent une grande importance au fait d'être « virils ». Discutez avec votre adolescent des pressions qu'il subit et de ses opinions, et encouragez-le à comprendre comment certains de ses choix (par exemple, le choix de ses amis et des sports qu'il pratique) pourraient être influencés par la crainte d'être tourné en ridicule. Un comportement trop agressif et contrôlant chez les adolescents indique souvent qu'ils se conforment de façon stricte à ce que la société attend d'eux, des attentes qui peuvent être renforcées par mégarde par les parents lorsqu'ils utilisent des expressions comme « fais un homme de toi » ou « endure ». Examinez avec lui de quelle façon il peut répondre aux taquineries en plaisantant.

9. **Soyez ferme et clair quand à l'utilisation d'un langage offensant ou inapproprié.**
De nos jours, plus que jamais auparavant, il est devenu acceptable dans l'univers des adolescents de blasphémer et d'agresser verbalement les autres. Bien qu'il soit impossible pour les parents de bloquer absolument toutes les paroles offensantes qui pénètrent dans la maison (par exemple par le truchement de la musique, de la télévision et d'autres médias), les adolescents aiment bien connaître les limites. Le langage est un puissant outil par lequel les adolescents contrôlent les actions des autres, y compris leurs fréquentations, leurs parents et leurs pairs. Soyez particulièrement attentifs aux expressions qu'ils utilisent pour dénigrer les autres, même s'ils le font sur un ton innocent ou moqueur, et indiquez-leur ce que ces expressions signifient vraiment.

10. **Participez activement à la vie de votre adolescent.**
Sachez ce qui intéresse votre adolescent. S'il aime le hockey, amenez-le voir un match si vous le pouvez. S'il aime y jouer, assistez à ses parties, sans le critiquer. S'il aime l'opéra, le ballet ou n'importe quelle autre activité, réservez-vous une journée pendant laquelle vous pourrez faire ensemble quelque chose de spécial. Ou encore, s'il y a un film que vous aimez tous les deux à la télévision, regardez-le ensemble. Pas besoin de parler continuellement; l'important, c'est d'être ensemble !

Ressources pour les parents

LIVRES RECOMMANDÉS

Accessibles et à jour, ces deux bouquins offrent de bons exemples d'éducation positive et traitent du développement des adolescents.

Steinberg, L., et A. Levine. *You and Your Adolescent: A Parent's Guide for Ages 10 – 20* (édition révisée), New York, HarperCollins, 1997.

Wolf, A. E. *Get Out of My Life, but First Could You Drive Me & Cheryl to the Mall: A Parent's Guide to the New Teenager,* New York, Farrar, Straus & Giroux, 2002.

THÈMES PARTICULIERS

Les livres populaires qui offrent des conseils aux parents d'adolescents reconnaissent généralement la nature changeante de la relation parent-enfant durant l'adolescence et traitent de l'impact de ce changement sur les membres de la famille. Les livres actuellement sur le marché se penchent sur divers sujets, en s'attardant sur certains problèmes fondamentaux et leurs solutions.

L'EFFET COMBINÉ DE LA CULTURE POPULAIRE ET DES PAIRS

Taffel, R., et M. Blau. *The Second Family: Dealing with Peer Power, Pop Culture, the Wall of Silence—and Other Challenges of Raising Today's Teens,* New York, St. Martin's Griffin, 2001.

Les auteurs avancent que la famille d'un adolescent est en compétition avec une seconde « famille », composée de ses pairs et de la culture populaire. Le défi des parents consiste à bien connaître les effets positifs et négatifs de cette importante influence et à demeurer vigilants.

COMMUNIQUER AVEC LES ADOLESCENTS À L'ÈRE DE LA TECHNOLOGIE

Grigsby, C., et K. Julian. *How to Get Your Teen to Talk to You,* Sisters, OR., Multnomah Publishers, 2002.

Pendant des décennies, les spécialistes de l'éducation des adolescents ont insisté sur l'importance d'une bonne communication entre parents et adolescents. Ce défi est amplifié par la compétition venant de la technologie et des médias, qui a pour conséquence un effritement sans précédent de la communication entre les parents et les adolescents. Non seulement les adolescents passent-ils davantage de temps devant le téléviseur ou l'ordinateur, mais ils accumulent également des connaissances à un rythme effréné beaucoup trop rapide pour les parents. Ceux-ci doivent trouver un équilibre entre soutenir leurs adolescents qui forgent leur propre identité et renforcer la relation parent-enfant grâce à un dialogue exempt de jugement.

COMPRENDRE LE DÉVELOPPEMENT DU CERVEAU DES ADOLESCENTS

Bradley, M. J., et C. O'Connor. *Yes, Your Teen Is Crazy! Loving Your Kid without Losing Your Mind,* Gig Harbor, WA, Harbor Press, 2002.

Les résultats des recherches les plus récentes dans le domaine de la neurologie sont maintenant disponibles pour aider parents et enseignants à comprendre les effets du développement du cerveau sur le comportement des adolescents. Comme les sections les plus complexes du cerveau sont encore en développement pendant l'adolescence, les adolescents semblent parfois imprévisibles et, d'une certaine façon, leur jugement et leur capacité à prendre des décisions peuvent être déficients. La consommation d'alcool et d'autres substances pourraient aggraver ces « limitations » attribuables au développement. Les parents doivent avoir des attentes adaptées à cette réalité neurologique et encourager les adolescents à développer des mécanismes de contrôle de soi et à faire des choix sécuritaires.

À propos de l'auteur

David A. Wolfe, Ph.D., est le premier titulaire de la Chaire d'études RBC en santé mentale infantile au Centre de toxicomanie et de santé mentale (CAMH). Il est également professeur de psychiatrie et de psychologie à l'Université de Toronto et directeur du Centre des sciences préventives de CAMH. Il s'est beaucoup penché, dans ses recherches et sa pratique clinique, sur la psychologie des enfants et adolescents en difficulté, en particulier sur la violence faite aux enfants, la violence familiale et la psychopathologie du développement. Il est père de trois adolescents.

Remerciements

L'auteur tient à remercier Mme Debbie Chiodo, M. Éd., M. A., et Mme Pat Gibbings pour leur aide dans la préparation de ce livret. Mes collègues Peter Jaffe, Ph. D., Claire Crooks, Ph. D. et Ray Hughes, M. Éd. ont participé à la planification de ce document, qui fait partie de notre stratégie pour prévenir les comportements à risque chez les adolescents et encourager les relations saines (un programme appelé « The Fourth R » – « le quatrième R » – que nous avons mis à l'essai dans certaines écoles secondaires). Je voudrais également remercier les nombreux parents qui ont donné leur avis et formulé des suggestions utiles qui nous ont permis d'élaborer un document aussi pertinent que possible pour eux.

Les informations contenues dans ce livret sont tirées d'études menées lors de la rédaction du livre mentionné ci-après. Les personnes intéressées peuvent le consulter pour obtenir de l'information additionnelle sur le développement des adolescents et les comportements à risque.

Wolfe, D. A., P. Jaffe et C. Crooks. *Adolescent Risk Behaviors: Why Teens Experiment and Strategies to Keep Them Safe,* New Haven, Yale University Press, 2006.

Réviseurs

J'aimerais remercier chaleureusement les parents qui avaient pour tâche de passer en revue le contenu de la version définitive du manuscrit : Kerry P. Clemen, Jasper Miller, Dawn Murray et Bari Zittell.

Plusieurs éducateurs et professionnels du domaine de la santé, dont la plupart sont ou ont été des parents d'adolescents, ont également passé en revue le manuscrit :

David S. Goldbloom, M.D., FRCPC, conseiller médical principal, Éducation et affaires publiques, CAMH

Carin McLean, B.A., titulaire d'un diplôme universitaire supérieur, superviseure, Service d'approche auprès des jeunes, CAMH

Cynthia Osborne, M.D., médecin de famille

Cathy Stidwill, B.A., B. Éd., enseignante, conseil scolaire du district Ottawa-Carleton

Jo-Anne Twamley, B.Sc.A., (études familiales), D. Éd., éducatrice en études familiales et en sciences sociales, conseil scolaire de Peel (à la retraite)

www.ingramcontent.com/pod-product-compliance
Lightning Source LLC
Chambersburg PA
CBHW081222020426
42331CB00012B/3076